네트워크 운용 및
유지 보수의 모든 것

ISSATSU DE SUBETE WAKARU
NETWORK UNYOU·HOSHU NO KIHON

Copyright ⓒ 2020 Shin Okano

Korean Translation Copyright ⓒ 2022 by J-Pub. CO., Ltd.
Original Japanese language edition published by SB Creative Corp.
Korean translation rights arranged with SB Creative Corp., through Danny Hong Agency.

이 책의 한국어판 저작권은 대니홍 에이전시를 통한 저작권사와의 독점 계약으로 (주)제이펍에 있습니다.
저작권법에 의해 한국 내에서 보호를 받는 저작물이므로 무단 전재와 무단 복제를 금합니다.

네트워크 운용 및 유지 보수의 모든 것

1쇄 발행 2022년 10월 6일

지은이 오카노 신
옮긴이 이민성
펴낸이 장성두
펴낸곳 주식회사 제이펍

출판신고 2009년 11월 10일 제406-2009-000087호
주소 경기도 파주시 회동길 159 3층 / **전화** 070-8201-9010 / **팩스** 02-6280-0405
홈페이지 www.jpub.kr / **원고투고** submit@jpub.kr / **독자문의** help@jpub.kr / **교재문의** textbook@jpub.kr

소통기획부 김정준, 이상복, 송영화, 권유라, 송찬수, 박재인, 배인혜
소통지원부 민지환, 이승환, 김정미, 서세원 / **디자인부** 이민숙, 최병찬

진행 송영화 / **교정·교열** 윤모린 / **내지디자인** 이민숙 / **내지편집·표지디자인** nu:n
용지 신승지류유통 / **인쇄** 해외정판사 / **제본** 일진제책사

ISBN 979-11-92469-28-7 (93000)
값 22,000원

제이펍은 독자 여러분의 아이디어와 원고 투고를 기다리고 있습니다. 책으로 펴내고자 하는 아이디어나 원고가 있는
분께서는 책의 간단한 개요와 차례, 구성과 저(역)자 약력 등을 메일(submit@jpub.kr)로 보내주세요.

네트워크 운용 및
유지 보수의 모든 것

오카노 신 지음 / **이민성** 옮김

CHAPTER 1 | 네트워크 운용 및 유지 보수의 전체 구조

부록

안녕하세요? 《네트워크 운용 및 유지 보수의 모든 것》의 옮긴이 이민성입니다.

이 책은 다음과 같은 독자를 위해 번역하게 되었습니다.

- 앞으로 네트워크 운용 업무를 담당하게 될 예비 엔지니어
- 초급 네트워크 엔지니어(1~3년 차)
- 네트워크 운용 및 관리 업무를 발주할 고객
- 네트워크 운용에는 어떤 요소가 있는지 궁금한 독자

특히 제가 엔지니어다 보니 번역을 하면서 많은 부분에 공감할 수 있었는데 그 내용을 간략히 소개하겠습니다.

1장에 나오는 IP 관리와 구성 관리는 네트워크뿐만 아니라 서버, 소프트웨어 등 모든 IT 업무에서도 가장 중요합니다. 많은 현장을 다녀보니 구성도가 없거나 IP 관리가 되어 있지 않은 경우가 대부분이었습니다. 그래서 원활한 유지 관리를 위해 많은 시간을 들여 네트워크의 물리적 구성부터 조사하기도 했습니다. 이런 경우가 발생하지 않도록 엔지니어뿐만 아니라 고객도 네트워크 관리에 관심을 가졌으면 좋겠습니다.

다음으로는 3장에 나오는 네트워크 감시입니다. 소규모라면 문제가 바로 보이기 때문에 감시는 필요하지 않을 수 있습니다. 그러나 중규모 이상인 네트워크가 되면 안정적이고 원활한 네트워크 유지, 그리고 빠른 장애 진단을 위해 반드시 감시가 필요합니다. 다양한 NMS(network monitoring system)가 있으니 한번 구축을 고려해보기 바랍니다.

4장에 나오는 유지 보수용 네트워크를 저는 강력히 추천합니다. 네트워크에 문제가 생겼다 해서 무작정 현장에 출동하지는 않고, 먼저 원격으로 장애를 진단합니다. 그런데 원격으로 접속하는 네트워크와 업무용 네트워크가 같다면 아무것도 할 수 없습니다. 그렇기에 어느 정도 규모가 있는 네트워크라면 저렴한 회선이라도 추가 임대해 유지 보수용 네트워크를 도입할 수 있도록 검토해보기 바랍니다.

5장에는 이중화에 대한 내용이 나옵니다. 네트워크를 구축하는 내용은 아니지만 네트워크 자체를 안정적으로 유지하려면 이중화는 필수입니다. 경험상 이중화가 되지 않은 네트워크가 꽤 있었습니다. 이중화를 하지 못한 이유도 있겠지만 네트워크를 업무용으로 사용한다면 업무에 줄 영향을 생각해 다시 한번 검토함으로써 업무에 지장이 생기지 않길 바랍니다.

마지막인 부록에는 터미널 프로그램으로 로그를 수집하는 내용이 나옵니다. 이는 설정을 복사하기 위해서도 필요하지만 작업을 하고 나서 보고하거나 자신의 실수를 사후에 확인할 수 있기 때문에 중요하다고 생각합니다. 그리고 이 부분만큼은 습관화가 필요합니다.

그리고 이 책이 번역서인 만큼 조금은 일본의 사정을 반영한 부분도 있을 수 있습니다. 특히 계약 부분이 그러한데, 고객이나 회사마다 계약 내용은 다르기에 책에서 언급한 내용이 전부라고 생각하지 않았으면 좋겠습니다.

아무쪼록 이 책이 이제 막 시작하는 엔지니어에게 길잡이가 되면 좋겠고, 어느 정도 경험이 있는 독자에게는 놓친 곳은 없는지 복습이 되면 좋겠습니다.

자유로이 하늘을 날 수 있는 날이 가까워짐을 느끼면서
옮긴이 **이민성**

공민서

언젠가 저도 네트워크 관리 업무를 담당할 날이 올 텐데, 이를 위해 미리 어떤 일을 하고 무엇을 할 수 있는지를 공부하기에 제격인 책이라 생각했습니다. 책 내부도 예뻐서 마음에 듭니다.

 박기훈(사이버원 수석 컨설턴트)

네트워크 운용과 유지 보수 업무를 처음 시작하는 사람이 이해하기 쉽게 설명되어 있어 일머리를 파악하는 데 도움이 될 것으로 보입니다. 친절하게 설명하고자 애쓴 노력이 있으나, 번역서의 한계를 넘지 못한 아쉬움이 일부 있습니다.

 윤모린(개발자)

네트워크에 대한 배경지식 없이도 어렵지 않은 내용이어서 이야기처럼 재미있게 술술 읽혔습니다. 특히 필자의 현장에 대한 생생한 경험들은 네트워크를 잘 모르는 저도 이해하기 쉽고 흥미롭게 읽을 수 있었습니다.

이용진(SAP LABS Korea)

네트워크 운용 업무를 시작하는 분에게 추천합니다. 이 책은 아무것도 모르는 초급자를 위해 네트워크 운용의 기초부터 자세히 설명하고 있습니다. 중간중간 간단하지만 경험으로만 알 수 있는 팁을 이야기하고 있어 네트워크 운용을 처음 시작하는 분들에게 정말 추천하고 싶은 책입니다.

 황시연(엘로스)

네트워크 관련 책은 대부분 개론적인 내용이 많습니다. 처음 공부하는 분은 용어를 익히기에 급급합니다. 반면 이 책은 실무에서 네트워크 장비들이 어떤 데이터를 발생하고 분석하는지 상세히 쓰여 있어 개념을 이해하는 데 큰 도움이 됩니다. 주니어 백엔드 개발자나 보안 및 데브옵스 업무를 하는 분들에게 추천합니다.

제이펍은 책에 대한 애정과 기술에 대한 열정이 뜨거운 베타리더의 도움으로
출간되는 모든 IT 전문서에 사전 검증을 시행하고 있습니다.

이 책은 네트워크 운용 및 유지 보수 업무를, 현장의 노하우를 덧붙여가면서 폭넓게 해설
했습니다.

네트워크 운용 및 유지 보수 업무를 한마디로 나타내면 '정상적인 네트워크 상태'를 유지
하는 것이라 할 수 있겠습니다. 문제가 생기면 빠르게 원상 복구를 해야 합니다. 즉, '제로'
에서 마이너스가 된 상태를 어떻게든 빨리 '제로' 상태로 되돌릴 수 있어야 합니다(플러스
로 만드는(지금보다 등급을 올리는) 것도 안 됩니다).

목표하는 바는 예전과 다르지 않지만 목표를 위한 업무의 내용이 이전과는 많이 변화했
습니다. 지금은 네트워크 운용 및 유지 보수 외의 사항도 숙지하지 않으면 해결할 수 없는
일이 늘어났기 때문입니다.

예전의 네트워크 운용 및 유지 보수는 하드웨어 장애로 인한 장치 교환이 주된 작업이었
습니다. 하지만 지금은 트래픽 증가에 따른 회선 증속 계획안 수립이나 소프트웨어 장애
로 인한 분석 등 다방면에 이릅니다.

또한 트러블의 원인이 네트워크 설계나 구축과 같은 상위 공정에 있다면 운용과 유지 보
수의 개선만으로는 근본적인 해결을 할 수 없어 서비스 품질을 보증할 수 없습니다. 즉,
네트워크에 투자하기로 결정하고 나서부터 장치가 철거되기까지, 네트워크의 수명 주기 전
체를 포괄적으로 관리해 기획이나 설계 단계에서부터 운용 및 유지 보수를 고려한 운용
설계를 해야 합니다.

그렇지만 실제 네트워크 운용 및 유지 보수를 하는 입장에서는 하루하루 정해진 업무나 야간교대 인원의 일정 조정, 그리고 돌발적인 장애 대응에 지치기 마련이며, 이것이 현장의 실태이기도 할 것입니다. 그러나 복잡해지고 고도화되는 네트워크를 두고 눈앞의 일만 대응한다면 언제까지나 현장의 수고를 덜기는 어려울 것입니다.

네트워크 운용 및 유지 보수를 편하게 하면서 자신의 업무 가치를 높이기 위해서는 끊임없는 개선이 필요합니다. 이 책은 25년 이상의 현장 경험에서 얻은, 다양한 기업 네트워크에 효과적인 저자의 노하우를 제공합니다. 책의 내용이 여러분의 운용 및 유지 보수 업무를 개선하는 데 힌트가 될 수 있기를 바랍니다.

또한 앞으로 네트워크 운용 및 유지 보수를 담당하는 분들에게 아래 내용을 조언합니다.

- 사무실에 있지만 말고 현장의 최전선에서 경험을 쌓자.
- 조금이라도 애매한 점이 있다면 망설이지 말고 현장에 나가 현실과 마주하며 현상을 지켜보자.
- 책상 위에서는 알 수 없는 현장의 뒷배경에도 관심을 갖자.
- 장애 대응은 임기응변으로 처리하기보다는 미연에 방지하는 구조를 생각하자.
- 운용 및 유지 보수 업무만이 아닌 기획과 설계 업무를 포함해 네트워크의 수명 주기를 의식하자.
- 궁극적 목표는 자동화이며, 해당 업무를 하던 사람이 없어도 다른 사람이 그 업무를 이어서 할 수 있어야 한다.

위 내용들과 맞서는 데 현장의 실태가 독자의 뇌리에 새겨지도록 그림과 현장의 에피소드를 충분히 담았습니다.

이 책의 예상 독자

- **앞으로 운용 및 유지 보수 업무를 할 엔지니어**
  네트워크의 기초 지식은 배웠지만 운용 및 유지 보수 업무가 어떤 것인지 잘 모르거나 실제 현장을 상상하기 어려운 분에게 최적의 내용입니다.

- **기업의 네트워크 관리자(정보 시스템 부서)**

  운용 및 유지 보수 회사와 함께 업무 내용의 개선이나 고도화를 기획하고 싶은 분에게 구체적으로 도움되는 정보를 여럿 담았습니다.

- **운용 및 유지 보수 현장을 담당하는 관리자**

  이 책은 현장 최전선에서의 운용 및 유지 보수를 해설합니다. 실제 현장의 모습을 알고 싶거나 현장의 눈높이에서 직원의 동기 부여를 고려하고 있는 분에게 참고가 될 것입니다.

- **운용 및 유지 보수 사업을 확대하고 싶은 영업자**

  이 책으로 현장의 네트워크 운용 및 유지 보수의 실태를 파악하고 나면 사업 확대의 힌트를 얻을 수 있을 것입니다.

이 책의 구성

이 책은 5장으로 구성되어 있습니다.

제1장, 제2장은 운용 및 유지 보수, 운용 관리 업무의 종류를 해설합니다. 여러분이 지금 하고 있는 업무와 비교해 부족한 것, 필요 없는 것은 무엇인지 살펴보고 앞으로 어떤 모습을 갖추면 좋을지 생각하는 데 힌트로 사용하기 바랍니다.

제3장은 일상적인 운용 업무인 네트워크 감시를 해설합니다. 네트워크 감시 장치, 도구의 이용 등에 대한 내용으로 현장의 생생함을 느낄 수 있습니다.

제4장에서는 앞으로의 네트워크 운용 업무에 꼭 도입했으면 하는 유지 보수용 인프라 정비를 해설합니다. 지금의 운용 및 유지 보수 업무를 개선하거나 고도화를 검토하는 데 참고하기 바랍니다.

제5장에서는 운용 및 유지 보수를 고려한 운용 설계와 현장에서 유지 보수 작업을 할 때의 노하우를 해설합니다. 기술적이거나 실전적인 내용이 중심이며, 대략적으로 훑어보면서 여러분의 현장 실정에 비춰보고, 실무를 하면서 필요할 때 해당하는 부분을 참고하기 바랍니다.

이 책에서 다루는 네트워크의 전체 구조

현재 기업 네트워크의 운용 및 유지 보수 체계를 다음 그림에 정리했습니다. 전국에 거점이 있는 기업 네트워크를, 운용 및 유지 보수 회사의 감시 센터와 전국의 서비스 센터가 둘러싸고 있습니다.

이 책에서는 아래 그림을 기본 모델로 적용하여 네트워크의 운용 관리와 유지 보수 업무를 해설해 나갑니다.

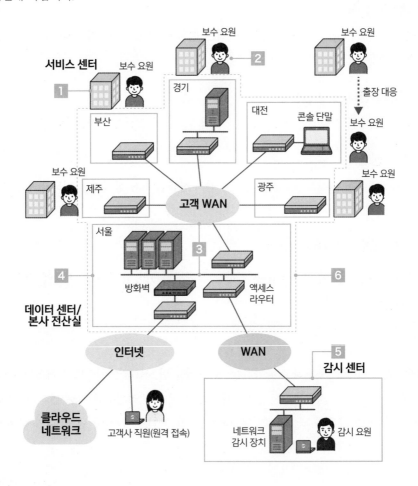

1 전국 서비스 센터

운용 및 유지 보수 서비스를 제공하는 회사의 서비스 센터입니다. 고객 현장에는 가까운 서비스 센터에서 출동합니다.

2 보수 요원

현장 작업을 하는 보수 요원입니다. 출동 요청이 있으면 어디에 있든 현장으로 달려가 작업합니다.

3 네트워크 회선

통신 데이터를 보내기 위해 거점 간을 잇는 회선이 WAN이고, 거점 내부의 네트워크가 LAN입니다.

4 데이터 센터/본사 전산실

고객 네트워크의 중심부입니다. 기업의 본사가 위치하거나 장치가 집중되어 있는 곳입니다.

5 감시 센터

고객 네트워크를 24시간 365일 감시하는 감시 센터입니다. 장애를 탐지하고 필요에 따라서 보수 요원을 현장에 보냅니다.

6 기업 네트워크(고객 네트워크)

일반적인 민간 네트워크 구성입니다. 사용자 규모가 3천 명 정도로 전국에 거점을 갖는 네트워크를 가정합니다.

...

마지막으로 이 책을 집필하고 출판하는 데 신세를 진 SB크리에이티브 주식회사의 도모야스 겐타 님, 집필을 지원해주신 구메 하라 님, 필자를 격려해주신 사토 님, 후쿠조노 님, 기타가와 님, 마루야마 님, 미야기 님, 다고 님, 세키 님, 무라야마 님, 다나카 님께 이 자리를 빌려 감사드립니다. 정말로 감사드립니다.

지은이 **오카노 신**

1

네트워크 운용 및
유지 보수의 전체 구조

이 장에서는 네트워크 운용 및 유지 보수는 무엇을 목적으로 하며, 무엇을 하는지 살펴보겠습니다. 현장에서 운용 및 유지 보수를 하는 담당자가 어떤 모습일지를 생각하면서 업무의 흐름을 파악하는 것부터 시작해보겠습니다.

1-1 현장의 운용 및 유지 보수 업무의 실태

네트워크 운용 및 유지 보수 업무란?

네트워크 운용 및 유지 보수란 무엇을 하는 것일까요? 이 절에서는 가장 기본적인 내용부터 살펴보겠습니다.

네트워크 운용 및 유지 보수 업무라 하면 트러블 슈팅이나 사용자로부터의 클레임 대응을 떠올리는 분도 많겠지요. 하지만 실정은 그렇지 않으며 그러한 일은 일부에 지나지 않습니다.

실제 현장에서 이루어지는 네트워크 운용 및 유지 보수 업무는 다방면에 걸쳐 있습니다. 크게 분류하면 '운용 업무', '유지 보수 업무', 그리고 그런 프로세스를 제대로 운용하기 위한 '관리 업무'입니다. 다음 절에서 현장의 업무를 자세히 살펴보겠습니다.

네트워크 운용 업무란?

네트워크 운용 업무의 목적은 **네트워크가 정상 가동하는 상태를 유지하는** 것입니다. 문제가 발생한 후 대처하는 것이 아닌, 문제가 일어나지 않도록 미연에 시행하는 행동이라 생각하면 되겠습니다. 요즘 현장에서는 이 업무를 중요시하고 있습니다. 네트워크 구축은 만들면 끝이지만 네트워크 운용 업무는 쭉 이어지기 때문입니다.

업무 내용은 다방면에 걸칩니다. 예를 들면 감시 센터(혹은 관제 센터) 내에 있는 네트워크 감시 장치[1]의 모니터 화면을 보고 이상이 없는지 확인하는 업무입니다. 구체적으로는 매일 아침저녁으로 모니터 화면을 네트워크 운용 관리자가 확인해 이상 메시지가 있는지 확인

---

1   옮긴이 이 책에서는 장치라는 단어를 사용합니다. 현장에서는 장비라는 단어를 많이 사용하나 하드웨어가 아닌 소프트웨어나 가상 머신일 수도 있기 때문입니다.

합니다. 물론 이상이 발생하면 네트워크 감시 장치가 자동으로 곧바로 경보해주는 기능을 사용해 자동으로 탐지하는 것도 가능합니다. 또한 주나 월 단위로 시행하는 통신 사업자의 회선 트래픽 조사나 장치의 CPU, 메모리 사용률 조사, 장치의 재고 조사(인벤토리) 업무 등도 합니다. 이처럼 미리 정해진 일시에 계획대로 업무를 실시합니다.

물론, 돌발적인 업무도 있습니다. 사용자로부터 컴퓨터 조작법에 관한 문의 혹은 수리 의뢰를 접수받거나, 클레임을 처리하는 등의 헬프 데스크(사용자의 문의 창구 역할) 대응입니다. 긴급 시에는 24시간, 주말, 공휴일 관계없이 접수하는 경우도 있습니다. 모든 문의 업무를 일차적으로 접수하며 필요에 따라 네트워크 유지 보수 업체 등에 에스컬레이션(이관)하기도 합니다.

▶▶ 각각의 업무 내용에 대해서는 2장 이후에서 설명합니다.

네트워크 유지 보수 업무란?

네트워크 유지 보수 업무의 목적은 **네트워크 장애에 대한 원상 복구**로, 원래 상태로 되돌리는 일입니다. 하드웨어 문제가 발생했다면 부품을 교환합니다. 독자 여러분의 집에 있는 대형 가전 제품이 고장 났을 때 수리 업자를 부르는 상황을 연상하면 되겠습니다.

그러나 최근에는 네트워크 기기의 하드웨어 고장은 거의 없으며, 있더라도 대부분은 초기 불량입니다. 한편 소프트웨어의 버그나 트래픽 증가에 따른 지연 문제 등, **네트워크 설계 단계에 기인한 문제나 소프트웨어 지원과 관련된 대응**이 절반을 차지합니다.

오늘날의 현장에서 네트워크 유지 보수 업무가 없어질 일은 없습니다. 단지 앞서 언급했듯 네트워크 운용 업무의 비중이 높아지고 있으며 앞으로도 점점 운용이 중시될 것으로 보입니다.

▶▶ 유지 보수 업무의 자세한 내용은 주로 5장에서 설명합니다.

네트워크 운용 관리(유지 보수 관리)란?

운용 관리(유지 보수 관리)란 앞서 설명한 운용 및 유지 보수를 통합해 유지 관리하는 업무로,

문서 갱신, 회의 운영(주, 월 단위), 보고 업무 등의 작업을 말합니다. 문서 갱신 시에는 네트워크 기기의 구성 관리, 네트워크 구성도, 체계도 등에 대한 최신 버전의 문서를 이해관계자가 공유해야 합니다. 물론 현재 주어진 과제나 대응 진척 상황을 동료끼리 공유하는 것도 중요합니다. 그때 방향을 잡아주는 조타수처럼 행동하는 것도 네트워크 운용 관리자의 중요한 일입니다.

▶▶ 구성 관리는 1-4절에서 설명합니다.

네트워크 운용 및 유지 보수 엔지니어는 상위 공정을 의식하는 것이 중요

실제로 네트워크 운용 및 유지 보수를 하면서 **운용 및 유지 보수 이외의 일도 포함한 네트워크의 수명 주기 전체를 의식하는 것**이 중요합니다. 설계나 구축 단계와 같은 상위 공정에 문제가 있다면 운용과 유지 보수의 개선만으로는 근본적인 해결을 할 수 없으며 서비스 품질을 보장할 수 없기 때문입니다. 즉, 네트워크에 투자하기로 결정하고 나서부터 장치가 철거되기까지 네트워크의 수명 주기 전체를 포괄적으로 관리하고 기획이나 설계 단계에서 운용과 유지 보수를 고려한 검토를 해야 합니다. 이것이 바로 **운용 설계**입니다.

네트워크 도입 작업을 하는 입장에서는 네트워크의 수명 주기를 프로젝트 공정처럼 생각하기 쉽습니다. 프로젝트 공정은 사업 분석, 요건 정의부터 시작해 기본 설계, 상세 설계, 구축, 그리고 운용까지 이어지는 것이 일반적인 흐름입니다. 그러나 운용 및 유지 보수는 그 네트워크가 없어질 때까지 계속 따라가는 것입니다. 여기서 ITIL[2]에서 말하는 서비스 수명 주기의 관점이 필요합니다. 이 역시 전략, 설계, 이행, 운용의 흐름을 따르지만 **지속적으로 서비스를 개선하는 것**이 가장 중요합니다.

---

2   옮긴이 IT Infrastructure Library의 약자로 영국에서 시작된 고품질의 IT 서비스 제공을 위한 지침이자 프로세스입니다.

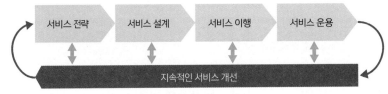

프로젝트 공정의 경우

사업 분석, 요건 정의 → 기본 설계 → 상세 설계 → 구축 → 운용이 일반적인 흐름

요건 정의 → 기본 설계 → 상세 설계 → 구축 → 운용

서비스 수명 주기의 관점을 생각하면…

서비스 전략 → 서비스 설계 → 서비스 이행 → 서비스 운용 → 서비스 개선의 주기를 반복한다. 지속적인 서비스 개선이 중요

서비스 전략 → 서비스 설계 → 서비스 이행 → 서비스 운용

지속적인 서비스 개선

네트워크의 수명 주기

이 책에서는 서비스 운용, 즉 네트워크 운용 및 유지 보수에 초점을 두고 설명하지만 운용 및 유지 보수 업무가 시작되기 전의 일이나 네트워크 장애를 미연에 방지하는 측면도 다룹니다.

네트워크 운용 및 유지 보수 엔지니어는 설계와 구축 단계부터 참여

네트워크 운용 및 유지 보수를 하는 사람은 **설계와 구축 단계에서부터 프로젝트에 참여해 곧바로 네트워크 운용 및 유지 보수 업무를 해야** 합니다. 앞서 언급했듯 네트워크 구성이나 일상의 업무 내용도 고도화되어 설계나 구축 등의 상위 공정 단계에 기인하는 문제가 많은 것이 현실이기 때문입니다.

운용 및 유지 보수와 그 이전 공정인 네트워크 도입 프로젝트의 관계를 정리해보겠습니다. 프로젝트 공정이 기본 설계, 상세 설계, 구축으로 진행되며, 서비스를 출시하면 운용 및 유지 보수가 시작됩니다. 대부분의 경우는 운용 및 유지 보수 개시 후, 즉 네트워크가 안정된 시점에 프로젝트 팀이 해산됩니다. 네트워크의 버그에 대응하거나 문제가 남아 있

을 때는 프로젝트의 일부 인원이 일정 기간 동안 지원하기도 합니다.

현재의 네트워크는 다양한 네트워크 기기를 조합해 구성하는 경향을 보이며 고도화가 진행되고 있습니다. 그렇기에 헬프 데스크나 운용 및 유지 보수 엔지니어에게 서비스 이용이나 운용에 관한 기술력의 이전, 인수인계 시 장시간 소요된다는 애로 사항이 있습니다. 이런 점을 고려하면 운용 및 유지 보수 엔지니어가 설계와 구축 단계에서부터 프로젝트에 참여하는 것이 서비스의 품질을 보장하는 지름길이며 네트워크 운용 및 유지 보수 현장의 철칙입니다.

1-2 운용 및 유지 보수의 등장 인물

운용 및 유지 보수 업무는 어떤 구체적인 '물건'을 파는 것이 아닙니다. 눈에 보이지 않는 것을 파는, 즉 서비스업입니다. 이제부터 서비스를 주고받는 주체인 '사람'에 대해 알아봅시다.

운용 및 유지 보수는 많은 이해관계자(stakeholder, 스테이크홀더)가 존재함으로써 성립합니다. 운용 및 유지 보수의 등장 인물은 크게 두 부류로 나뉩니다. 고객(서비스 이용자)과 운용 및 유지 보수 회사(서비스 제공자)입니다.

운용 및 유지 보수의 등장 인물

- 고객(서비스 이용자)
- 운용 및 유지 보수 회사(서비스 제공자)

고객

이 책에서 말하는 **고객**에는 두 종류의 입장이 있습니다. 실제로 네트워크를 이용하는 사용자와, 해당 사용자가 사용할 네트워크를 운용 관리하는 정보 시스템 부서입니다.

고객

- 사용자
- 정보 시스템 부서

사용자

사용자(end user)는 본래의 업무를 하기 위한 수단으로 네트워크를 사용합니다. 사업을 영위하고 있는 회사라면 그 사용자에게도 고객이 있겠지만 이 책에서는 직접적인 이해관계자로서 다음 그림의 대상을 중심으로 해설합니다. 단, 독자 여러분은 사용자에게도 고객이 있을 수 있다는 점을 잊지 말아주세요. 왜냐하면 사용자가 네트워크를 사용하지 못하면 업무에 지장이 생김으로써 사업에도 영향을 미치는, 즉 사용자의 수주나 매출에 큰 영향이 생긴다는 것을 충분히 이해해주기를 바라기 때문입니다.

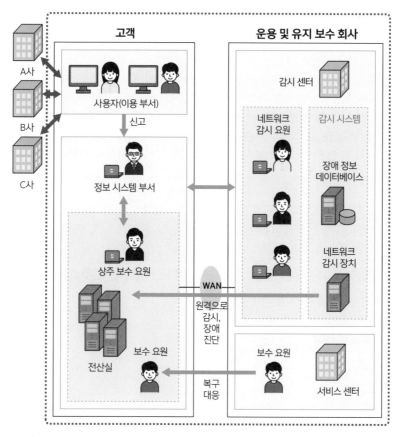

운용 및 유지 보수의 등장 인물
네트워크의 운용 및 유지 보수는 많은 이해관계자가 존재함으로써 성립한다.
사용자(그림의 왼쪽 위)는 본래의 업무를 하기 위한 수단으로 네트워크를 사용한다.

정보 시스템 부서

'정보 시스템 부서'는 사내에서의 호칭이며 운용 및 유지 보수 회사의 입장에서는 '고객 담당자'입니다. 여기서는 고객의 입장에서 이야기를 하므로 정보 시스템 부서라는 표현을 사용합니다(회사마다 부서명이 다른 경우도 있지만 이 책에서는 정보 시스템 부서로 통일합니다).

정보 시스템 부서의 역할은 **사용자가 본래의 업무를 원활히 하기 위한 네트워크나 시스템을 제공하고 운용 관리하는 것**입니다. 사용자는 같은 사내 직원이지만 정보 시스템 부서의 입장에서 보면 고객이라는 위치가 형성됩니다.

> **현장속으로** 음성 시스템의 취급
>
> 현재 네트워크나 시스템의 운용 관리는 일반적으로 정보 시스템 부서가 담당하겠지만 회사에 따라서는 음성 시스템은 총무부, 음성 이외의 네트워크나 보안, 서버 관련은 정보 시스템 부서가 담당하는 경우도 있습니다. 왜냐하면 이전에는 전화기의 추가 요청이나 공사, 이전 설치 작업을 주로 총무부가 의뢰했기 때문입니다. 그러나 현재는 IP 전화처럼 전화기도 IP화되어 정보 시스템 부서가 담당하고 있습니다. 이 책에서는 모두 정보 시스템 부서가 담당한다 가정하고 이야기를 진행합니다.

운용 및 유지 보수 회사

운용 및 유지 보수 회사는 이름 그대로 운용 및 유지 보수 업무를 수주하는 회사입니다. 앞의 그림처럼 주로 세 종류의 입장이 있습니다.

> **운용 및 유지 보수 회사**

- 네트워크 감시 요원
- 보수 요원
- 상주 보수 요원

네트워크 감시 요원

네트워크 감시 요원[3]의 역할은 **고객의 네트워크를 24시간 365일 체제로 안정적으로 가동하는 서비스를 제공하는 것**입니다. 네트워크 감시 요원은 서비스를 제공하는 회사의 감시 센

---

3 [옮긴이] 네트워크 오퍼레이터라고도 합니다.

터에 있으며[4] 고객으로부터 문의를 접수하거나 운용 감시 도구를 사용해 원격지에서 고객의 네트워크 상태를 항시 감시합니다. 당연히 혼자서 24시간 365일 일하는 것은 아니기에 교대(시프트)제로 운용합니다.

> **현장속으로** 네트워크 감시 요원의 인수인계
>
> 야간을 담당하는 네트워크 감시 요원이 오전 9시부터 주간을 담당하는 감시 요원에게 어젯밤의 일을 인수인계할 때, 오전 9시 30분에서 오전 10시까지는 회사에 있게 됩니다. 어떤 장애도 일어나지 않고 인수인계가 잘 마무리됐다면 오전 9시 30분에는 귀가할 수 있습니다.

그렇다면 왜 이런 역할을 맡는 사람이 존재할까요?

만약 고객인 정보 시스템 부서가 24시간 365일 체제로 네트워크를 관리한다면 어떻게 될까요? 정보 시스템 부서의 인원이 수십 명 있다면 별개지만 보통은 몇 명밖에 없기에 우선 몸이 견디지 못합니다. 또한 기술 면에서도 한계가 있겠지요. 전국에 네트워크가 연결되어 있는 경우는 전국의 주요 도시에 기술력 있는 사람을 배치하도록 고려해야 합니다.

최근의 기업 활동은 네트워크에 많이 의존하고 있습니다. 고도화, 복잡화되는 네트워크의 운용 관리에는 전문적인 지식과 노하우가 필수적입니다. 운용 및 유지 보수 도구나 그 도구를 다루는 요원들의 체계도 정비해야 합니다. 그러한 배경에서 운용 및 유지 보수 서비스를 제공하는 전문 회사에 외주를 맡기는 것이 일반화됐습니다.

네트워크 감시 요원은 감시 센터에서 운용 감시만 하는 것이 아니라 때로는 고객 네트워크에 원격으로 로그인해 장애 진단 작업을 합니다. 원격 조작으로는 복구 작업에 한계가 있다고 판단했을 때는 현장에 보수 요원을 보내야 합니다. 담당하는 보수 요원을 찾아서 현장에 출동하도록 요청하는 일도 네트워크 감시 요원의 중요한 임무입니다.

---

4 [옮긴이] 고객이 마련한 감시 센터에 있기도 합니다.

앞에서 네트워크 감시 요원의 근무 형태는 교대(시프트)제라 설명했습니다. 예를 들면 주간에 근무하는 감시 요원이 주간에 근무하는 보수 요원에게 연락하기는 쉽습니다.

한편 야간에 근무하는 감시 요원이라면 어떨까요? 예를 들어 지금은 오전 1시입니다. 주간에 근무하는 보수 요원은 귀가했을 테고 그중에는 자고 있는 사람도 있겠지요.

야간에도 고객으로부터 장애 신고를 접수하거나 네트워크 감시 장치가 장애를 탐지했을 때 네트워크 감시 요원은 담당하는 보수 요원을 찾아야 합니다. 언뜻 일을 마치고 집에서 편히 쉬고 있는 보수 요원을 불쌍하다고 생각할지 모르겠지만 연락하는 입장인 네트워크 감시 요원이 사실 더 힘듭니다. 아무리 일이라지만 밤중에 타인의 휴대폰을 울리게 해야 하니까요.

보수 요원

보수 요원은 실제 현장(고객처)에 달려가 대응하는 엔지니어입니다. 회사에 따라서는 필드 엔지니어 또는 커스터머 엔지니어라고도 합니다. 보통은 운용 및 유지 보수 회사의 사무실에 있고, 고객의 전화나 감시 센터의 출동 요청을 받고 긴급 출동합니다. 소방관이나 경찰관을 연상하면 되겠습니다.

보수 요원이 고객처를 찾는 것은 장애 대응을 할 때만이 아닙니다. 장치에 따라서는 정기 점검이 필요하며 정전 등의 계획된 작업을 할 때도 장치의 정지나 기동이 필요합니다. 그 밖에도 정기적인 방문 등 고객의 만족을 얻는 것이 주된 역할입니다. 물론 복구 작업도 중요한 임무입니다.

기술적인 지식은 '넓고 얕게'입니다. 최근의 멀티 벤더화(여러 제조사의 제품을 도입) 진전에 따라 보수 요원은 항상 신제품과 신기술의 습득이 요구됩니다. 이런 상황 속에서 '넓고 깊게' 기술 지식을 습득하기란 현실적이지도 않고 불가능합니다. 개별 제품이나 기술에 관한 깊은 지식을 습득하기보다는, 더 폭넓은 지식을 가질 것이 요구됩니다.

또한 항상 고객과 접하는 최전선에서의 업무이므로 **기술력과 더불어 커뮤니케이션 능력도 요구됩니다.** 그야말로 서비스업입니다.

보수 요원의 등급 분류

2000년대에 접어들어 업종에 따라서는 보수 요원에도 등급 분류[5]가 점차 도입되기 시작했습니다. 이때부터 기업 내 네트워크 정비가 당연시되었고 네트워크의 중요도도 높아졌기 때문입니다. 특히 통신 사업자나 금융, 증권업에 관해서는 출동 시간이 1시간 이내일 것과 같은 요청 사항이 생겼습니다. 주간은 그렇다 쳐도 야간에까지 그런 체계를 만들기란 힘듭니다. 그래서 다음과 같은 보수 요원의 등급 분류가 생겼습니다.

'긴급 출동 요원'과 '복구 작업 요원'으로 나누는 체계입니다. 긴급 출동 요원은 최대한 빨리 현장에 도착해 초기 대응을 하는 것이 최대의 임무입니다. 긴급 출동 요원이 초기 대응을 하는 동안, 기술력이 높은 복구 작업 요원이 출동 준비를 하는 이중 태세로 현장 복구에 임하는 체계가 주류가 됐습니다. 당연히 기술력이 높은 엔지니어의 수는 적지만 이런 구조로 현장에서 버티고 있답니다.

상주 보수 요원

상주 보수 요원은 운용 및 유지 보수 회사로부터 파견되어 고객의 현장에 상주해, 고객의 네트워크나 시스템 운용 관리의 대행 업무를 하는 엔지니어입니다.

고객을 대신해 업무를 수행하면서 기술적으로는 물론이며 고객의 업무 프로세스나 회사의 구조, 사내 관계자에 대해서도 숙지해야 합니다.

고객 입장에서는 자사의 네트워크에 정통하며 네트워크나 시스템을 숙지한 전문 엔지니어가 사무실이나 전산실에 상주하고 있으므로 보다 높은 서비스를 안심하고 받을 수 있습니다. 항상 고객의 옆에 있기에 금방 작업에 착수할 수 있으며 긴급 출동 요원이 현장에 도착할 때까지의 시간 손실도 없습니다. 건물에 상주하는 경비원을 연상하면 되겠습니다.

고객의 네트워크에 정통하다는 것

상주 보수 요원은 고객의 네트워크에 깊이 정통해야 합니다. 단, 너무 많은 내용을 숙지하면 다른 사람은 대응할 수 없게 되어 자칫 그 현장에서 빠져나올 수 없게 됩니다. 5년, 10년 동안 같은 장소와 환경에서 일을 하는 사람도 실제 현장에서는 드물지 않습니다.

---

5   울긴이 회사마다 다를 수 있습니다.

1-3 일반적인 장애 대응의 흐름

네트워크에 어떤 장애가 일어났을 때 대응 방법은 상황에 따라 다릅니다. 일어날 수 있는 상황은 장치의 하드웨어 고장, 소프트웨어 장애, 외부 요인 등 다양합니다. 또한 장애 탐지의 타이밍과 원인 분석 방법, 복구 방법도 다릅니다. 엄밀히 말해 이런 장애 대응 방법들을 패턴화하기는 어렵지만 큰 틀을 파악하고 시간순으로 대응 패턴을 정리할 수 있습니다.

여기서는 '장애 탐지와 접수', '원인 분석', '복구 작업'의 세 대응 패턴으로 나눠서 장애 대응의 흐름을 설명합니다.

장애 탐지와 접수

애당초 장애가 일어났다는 것을 어떻게 알 수 있을까요? 크게 두 종류가 있습니다.

- 운용 및 유지 보수 회사가 장애를 탐지한다.
- 고객(사용자)이 장애를 알아챈다.

운용 및 유지 보수 회사가 장애를 탐지한다

운용 및 유지 보수 회사가 장애를 탐지하면 해당 상황을 고객의 담당자에게 연락합니다. 그다음 원인 분석과 복구 작업이 진행됩니다.

그렇다면 어떻게 운용 및 유지 보수 회사가 장애를 탐지할 수 있을까요? 운용 및 유지 보수 회사에 있는 **네트워크 감시 장치가 자동으로 탐지**해주기 때문입니다.

▶▶ 네트워크 감시 장치는 3-1절, 3-2절에서 설명합니다.

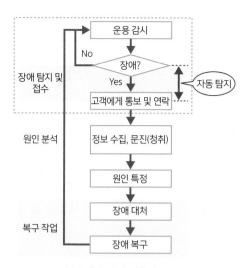

일반적인 장애 대응의 흐름

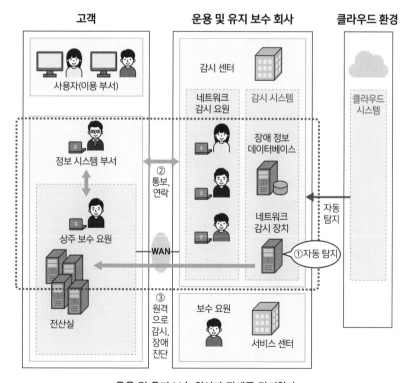

운용 및 유지 보수 회사가 장애를 탐지한다

고객(사용자)이 장애를 알아챈다

고객(사용자)이 장애를 알아채는 경우도 있습니다. 사용자는 네트워크를 실제로 사용 중이
므로 어떤 문제가 발생하면 당연히 문제를 알게 됩니다. 그러나 장애를 발견한 사용자는
네트워크 전문가도 아니며 진단 도구가 있는 것도 아닙니다. 대부분의 사용자는 '갑자기
서울로 전화가 걸리지 않는다', '인터넷이 안 된다'와 같은 정도의 내용만 정보 시스템 부서
(고객 담당자)에게 연락해서 전합니다.

정보 시스템 부서는 사용자로부터 얻은 정보, 상황이나 경위를 종합합니다. 사내 시스템
을 가장 잘 알고 있으므로 어떤 장애가 발생했을 때 어느 운용 및 유지 보수 회사에 연락
하면 될지 잘 알고 있습니다. 곧바로 운용 및 유지 보수 회사로 장애를 신고합니다. 또한
상주 보수 요원이 있는 경우 주간 시간대에는 상주 보수 요원에게 연락합니다.

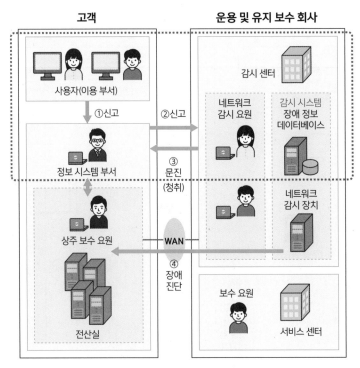

고객(사용자)이 장애를 알아챈다

신고를 받은 운용 및 유지 보수 회사는 장애 상황에 대해 기술적인 측면에서 고객에게 문진해 원인을 분석한 후 복구 작업을 합니다.

원인 분석

원인 분석은 현장의 상황을 파악하는 것부터 시작합니다. 우선 정보를 수집한 후 장애 진단 작업, 원인 특정의 순서로 진행합니다.

정보 수집하기

정보 수집 단계에서 대략적인 장애 부분에 대한 가설을 세웁니다. 정보 수집이라는 말은 간단하지만 상황은 천차만별입니다. 그러나 **어떤 상황이더라도 고객으로부터 듣는 요점은 같습니다.** 아래의 요점에 대해서 구체적으로 청취하게 됩니다.

네트워크나 시스템은…

- 누가 사용하지 못하는가 — 전부? 한 명만?
- 누구를 대상으로 사용하지 못하는가 — 특정한 상대방하고? 모든 상대방하고?
- 언제부터 — 오늘? 이전부터?
- 어느 장소에서 — 자기 자리에서? 다른 자리에서?
- 어떻게 — 항상? 가끔씩?

그러나 현실적으로 긴급을 요하는 고객에게는 시간을 들여서 청취하기 어려운 경우가 있습니다. 그럴 때는 아래 두 가지 요점을 청취합니다.

- '지금은 네트워크 사용이 가능한가요?'
- '최근이나 방금, 네트워크나 시스템과 관련된 작업을 한 적이 있나요?'

우선 **지금도 영향이 있는지**를 확인합니다. 그다음 '**무언가 고객 네트워크 환경에 변화는 없었는가?**'라는 관점에서 질문합니다. 왜냐하면 가끔씩 주변의 영향으로 네트워크에 장애가 일어나는 경우가 있기 때문입니다. 예를 들면 공조나 전원 설비 공사 등으로 인해 네트워크나 시스템이 다운되는 경우도 있습니다.

네트워크나 시스템은 도입 작업이 끝나 운용 및 유지 보수 단계에 들어간 직후의 시기를 제외하면 WAN 회선이나 기기의 소프트웨어 장애(버그)가 없는 한 기본적으로는 안정됩니다. '**외부 요인에 의한 장애가 의외로 많다**'는 점을 기억해두기 바랍니다.

> **중요** 원인 분석 시 기억해두면 좋은 내용
> - 우선, 지금 네트워크를 사용할 수 있는지 확인한다.
> - 고객의 네트워크에 변화가 없었는지 확인한다.
> - 네트워크 장애는 도입 직후의 시기를 제외하면 외부 요인에 의한 장애가 많다.

외부 요인에 해당하는 실제 사례를 몇 가지 소개합니다.

- 계획된 정전이 있었고 네트워크 감시 장치에서 알람을 탐지했다.
- 다른 네트워크 기기의 설정 변경 작업으로 인해 라우팅 정보가 사라졌다.
- 공사업자가 배선 공사를 할 때 네트워크 기기의 LAN 배선, 전원 코드, 플러그를 뺐다.
- 빌딩에서 계획된 정전이 있었고 전기업자가 실수로 차단기를 내려서 시스템이 다운됐다.
- 전산실의 공조가 고장 나서 실내의 온도가 상승해 네트워크 기기가 자동으로 정지(기기에 따라서는 40도가 넘으면 자동적으로 정지하는 것도 있다)했다.

원인을 특정하기

운용 및 유지 보수 회사는 수집한 정보를 바탕으로 장애 부분을 좁혀 나갑니다. 그리고 콘솔 단말[6]을 사용해 고객 장치에 원격으로 로그인해 장애 진단 작업을 합니다.

▶▶ 원격 접속 방법은 다양합니다. 구체적으로는 제4장 '유지 보수용 네트워크의 기본'에서 설명합니다.

---

6 [옮긴이] 일반적으로 엔지니어가 휴대하는 노트북입니다.

복구 작업

복구 작업은 원인을 특정하고 나서 진행하게 됩니다. 또한 복구 작업은 현장에 상주하고 있는 보수 요원이 있다면 그 사람이 대응합니다(일차 진단). 그러나 하드웨어 장애 등 제품 자체의 장애가 발생했을 때는 서비스 센터에 대기하고 있는 보수 요원이 현장에 출동해 복구 작업을 실시합니다.

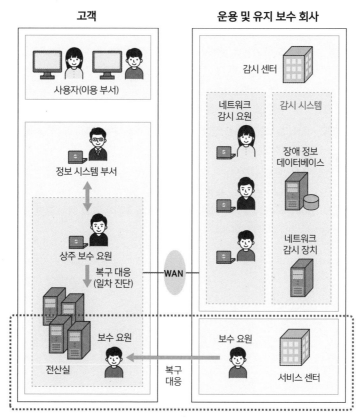

보수 요원이 현장에 출동한다(복구 작업)

출동한 보수 요원은 원인이 네트워크 기기의 하드웨어 고장이라면 교환 작업을 합니다. 그런데 가장 성가신 것은 소프트웨어의 버그가 의심스러울 때입니다. 즉, **현장에 도착하니**

장애가 자연스레 사라졌을 때입니다. 그럴 때는 장치의 로그나 설정 정보를 보수 요원이 콘솔 단말로 수집해 서비스 센터로 가지고 갑니다. 그리고 해당 네트워크 기기의 제조사에 분석을 의뢰하고 답변을 기다립니다. 제조사에서 답변을 받으면 그에 따른 조치를 합니다. 원인이 버그라면 소프트웨어 업데이트를 실시합니다. 이 작업을 마치면 완전 복구 상태가 됩니다.

⚠ 주의 소프트웨어 버전 업데이트는 고객의 몫

기본적으로 소프트웨어 버전 업데이트 작업은 고객의 몫[7]입니다. 보수 요원이 진행하는 경우에는 일반적으로 비용이 청구됩니다.

운용 업무의 범위를 고객과 합의하고 운용 설계서와 같은 문서의 형태로 관리하는 것이 중요합니다.

중요 고객이 네트워크를 사용할 수 있도록 하는 것이 최우선

완전 복구까지 시간이 필요한 경우는 잠정 복구를 우선시해 고객이 네트워크를 사용할 수 있도록 하는 것을 첫 번째로 생각합시다.

예를 들면 이중화된 네트워크 구성에서 망 전환을 반복해 통신이 불안정할 때 한쪽 네트워크 기기를 의도적으로 정지시켜 단중화 상태로 운용합니다. 이렇게 하면 단중화 상태지만 망 전환을 반복하는 일이 없어져 통신 자체는 안정됩니다. 그 이후에 시간을 두고 장치 교환 등 항구적인 대책을 마련하는 것이 현장의 철칙입니다.

---

7 [옮긴이] 계약 내용에 따라 다르며 마이너 버전의 업데이트는 보통 계약에 포함됩니다.

1-4 일반적인 구성 관리

구성 관리란?

구성 관리는 네트워크가 현재 어떻게 구성되어 있는지 혹은 어떤 자산을 관리해야 하는지 정보를 파악해 관리하는 것으로 관리 대상은 하드웨어, 소프트웨어, 문서 등 다양합니다.

구성 관리가 되어 있지 않으면 장애가 발생했을 때 문의를 접수하는 부서, 현장에 지시하는 부서, 실제로 현장에서 작업하는 부서 모두가 혼란에 빠집니다. 네트워크 기기가 몇 대며 어디에 설치했는지, 도입된 네트워크 기기의 소프트웨어 버전은 무엇인지 등 네트워크 운용 관리와 관계 있는 모든 사람이 공통된 정보를 가지고 있지 않으면 현장은 대혼란에 빠집니다. 게다가 **항상 최신 정보를 파악해두지 않으면 장애 시에 대응할 수 없습니다.** 구성 관리가 제대로 되어 있어야만 정확하고 품질 높은 운용과 유지 보수가 가능해집니다.

> **중요** 의외로 자주 있는 사례 '현재 상황을 알 수 없다'
>
> 운용 및 유지 보수 업무를 할 때, 현재 상황이 어떠한지가 파악되었음이 대전제입니다. 상황 파악을 하지 않으면 유사시에 장애 대응을 하기도 전에 현재 상황을 확인하는 작업부터 하느라 결과적으로는 복구 작업에 지연이 발생합니다.
>
> '이 기기의 버전 알고 있어요?', '이 라우터, 어느 랙에 장착되어 있는지 알아요?', '케이블이 어느 포트에 꽂혀 있어요?' 같은 질문이 오가며 현장은 아수라장이 됩니다.
>
> 이는 사실 현장에서 자주 있는 사례로 꼭 피해야 할 문제입니다. 따라서 구성 관리가 필요합니다.

구성 관리를 하는 데 필요한 항목

구성 관리를 하는 데 정보 시스템 부서 사람들에게 필요한 항목으로는 다음과 같은 것들이 있습니다.

- **하드웨어 정보**

  네트워크 기기, 서버, PC 등의 제품명, 제품 번호, 시리얼 번호 정보

- **소프트웨어 정보**

  네트워크 기기, 서버, PC 등의 OS, 애플리케이션의 버전이나 라이선스 정보

- **문서 관련 정보**

  계약서 관련, 운용 및 유지 보수 체계도, 관계자 연락처, 사내 조직도, 기기 구성, 절차서, 운용 및 유지 보수 대응 흐름도 등

이처럼 운용 및 유지 보수에 영향을 미치며, 관리할 것이라 판단한 모든 것이 해당합니다. 주목해야 할 점은 **기기의 하드웨어나 소프트웨어 정보만이 아닌 관련 문서 정보도 포함**된다는 것입니다. 이를 통해 기기에 문제가 생기면 어디의 누구에게까지 영향이 미칠지 파악할 수 있습니다.

현장속으로 **영향 범위를 파악해두는 것이 중요**

네트워크에 어떤 문제가 일어났을 때 어디 있는 누구에게까지 영향이 미치는지 파악해두는 것은 중요합니다.

예를 들어 어떤 모델의 라우터에서 소프트웨어 버그가 발견되었다고 제조사로부터 연락이 왔습니다. 이 문제를 해결하기 위해서는 버전 업그레이드가 필요하며 업그레이드 작업은 장치를 정지해야 합니다. 그럴 때 구성 관리 정보가 있다면 소프트웨어 버그가 있는 라우터가 어디에 몇 대 설치되었는지 조사할 수 있습니다. 이를 통해 영향을 받는 거점이나 사용자를 알 수 있습니다. 또한 작업 대수를 파악할 수 있으므로 작업 소요 시간을 대략적으로 계산할 수 있어 서비스 정지 시간을 결정할 수 있습니다.

이처럼 제대로 된 구성 관리 정보가 있으면 정보 시스템 부서는 대상 거점과 사용자 모두에게 구체적인 사전 통지를 할 수 있게 됩니다.

IP 주소 관리표

IP 주소 관리표는 IP 주소가 어느 부서에서 관리되고 있으며 현재 상황은 어떠한지를 가시화해 주소를 할당하거나 주소의 중복을 피하기 위해 작성합니다.

형식은 회사에 따라 다양하지만 일반적으로는 다음과 같은 항목으로 운용합니다.

IP 주소 관리표의 항목

항목	설명
거점	어느 장소에서 이용 중인지, 장애 시에 장소를 특정하기 위함입니다.
네트워크 주소	주소 대역의 중복 이용을 피해 정상적으로 운용하기 위함입니다.
관리 거점	이 주소 대역이 어느 부서에서 관리되고 있는지, 관리의 소재를 명확히 하기 위함입니다.
이용 형태	이 주소 대역을 어떤 용도로 이용하는지 파악하기 위함입니다.
요청자	요청자를 파악하기 위함입니다.
등록일	이용 개시일을 파악하기 위함입니다.
중지일	현재 미사용 상태임을 파악하기 위함입니다.

거점	네트워크 주소					관리 거점		이용 형태	요청자	등록자	등록일	중지일	비고
	1옥텟	2옥텟	3옥텟	4옥텟	서브넷	관리 거점	관리 부서						
서울	172	16	1	0	/24	서울	정보시스템부	서버접속	김선식	이민성		2020.3.10	
서울	172	16	10	0	/24	서울	정보시스템부	서버접속	김선식	이민성	2020.1.29		
서울	172	16	20	0	/24	서울	정보시스템부	서버접속	김선식	이민성	2020.1.29		
서울	172	16	30	0	/24	서울	정보시스템부	서버접속	김선식	이민성	2020.1.29		
서울	172	16	40	0	/24	서울	정보시스템부	서버접속	김선식	이민성	2020.1.29		
서울	172	16	50	0	/24	서울	정보시스템부	서버접속	김선식	이민성	2020.1.29		
대전	172	16	100	0	/24	서울	정보시스템부	서버접속	김선식	이민성	2020.1.29		
대전	172	16	101	0	/24	서울	정보시스템부	서버접속	김선식	이민성		2020.3.10	
대전	172	16	102	0	/24	서울	정보시스템부	서버접속	김예나	이민성	2020.2.29		
대전	172	16	103	0	/24	서울	정보시스템부	서버접속	김예나	이민성	2020.2.29		
대전	172	16	104	0	/24	서울	정보시스템부	서버접속	김예나	이민성	2020.2.29		
대전	172	16	105	0	/24	서울	정보시스템부	서버접속	김예나	이민성	2020.2.29		
대전	172	16	106	0	/24	서울	정보시스템부	서버접속	김예나	이민성	2020.2.29		
경기	192	168	10	0	/24	경기	개발부	NAT용	이주현	박지현	2020.4.2		
경기	192	168	20	0	/24	경기	개발부	NAT용	이주현	박지현	2020.4.2		

IP 주소 관리표의 예시

부서를 신설하거나 부서 간 이동이 있을 때는 IP 주소의 추가나 변경이 필요합니다. 그때 네트워크 주소 단위로 주소 관리표에 리스트를 추가합니다. 또한 부서의 폐지나 이사 등으로 주소가 불필요해지면 리스트에서 삭제해야 합니다. 이런 작업은 일반적인 기업에서는 정보 시스템 부서가 일괄적으로 관리합니다. 정보 시스템 부서는 정기적인 전수 조사를 하므로 엄밀한 감사를 통한 통제를 할 수 있습니다. 또한 전사 공통으로 관리할 주소 이외에도 개발 부서 등이 독자적으로 사용할 주소는 해당 부서에서 관리하는 경우도 있습니다.

기기 관리표

기기 관리표는 네트워크 기기가 언제부터 어디에 설치되어 있으며 현재 상태가 어떤지를 가시화해 정기적인 전수 조사나 유사시에 현장 확인을 신속히 하기 위해 작성합니다. 회사마다 관리 범위는 다르지만 일반적으로 다음과 같은 항목으로 운용합니다.

기기 관리표의 항목

항목	설명
자산 번호	기기의 고정 자산 번호입니다. 전수 조사를 할 때는 이 리스트의 번호와 기기에 붙어 있는 라벨의 번호를 대조합니다. 렌탈이나 리스의 경우는 해당 번호를 기재합니다.
모델명	모델명을 정식 명칭으로 기재합니다.
기능	L2, L3 등 기기의 기능을 기재합니다.
호스트명	기기 고유의 호스트명을 기재합니다.
사용 용도	서비스용, 개발용 등 영향도를 파악하기 위해 기재합니다.
제조 번호	기기 고유의 제조 번호를 기재합니다. 시리얼 번호라고도 합니다. 명령어로 확인하는 방법도 있지만 랙에 설치된 후에는 가려져 보이지 않는 경우도 있으니 설치하기 전에 기재합니다.
주문일	기기를 발주한 일자를 기재합니다.
설치일	기기를 설치한 일자를 기재합니다. 주문일이 적혀 있는데 설치일이 공란인 경우는 출하 대기나 설치 예정 등의 상태일 수 있습니다.
설치 장소	어느 장소, 층, 랙에 설치했는지 소재를 명확히 하기 위함입니다.
감시 유무	네트워크 감시 장치의 감시 대상인지 파악하기 위함입니다. 감시 대상 외의 장비는 장애 탐지가 늦어질 수 있어 주의가 필요합니다. 감시 대상으로 변경을 검토할 자료로 쓰입니다.

SW Ver	소프트웨어의 버전을 파악합니다. 버그 등이 공개되었을 때 이 표로 해당 유무를 파악합니다.
유지 보수 회사	유사시에 유지 보수 회사를 표시해 신속한 복구를 하기 위함입니다.
유지 보수 계약 형태	현재의 계약 형태를 표시하며 24시간 365일 계약이 아닐 때 유사시의 위험을 확인하기 위함입니다.

No.	고정 자산 번호 / 리스	모델명	기능	호스트명	사용 용도	제조 번호
1	SE-2020-0908	Catalyst 9300-48T-A	L3 스위치	SE001-001	서비스용	FC2232G12D
2	SE-2020-0909	Catalyst 9300-48T-A	L3 스위치	SE001-002	서비스용	ART231D1KX
3	SE-2020-0910	Power Supply A	전원	-	서비스용	JAE232078J
4	SE-2020-0911	Catalyst 9300-48T-A	L3 스위치	SE001-003	서비스용	ART2310F0U
5	SE-2020-0912	Power Supply A	전원	-	서비스용	JAE23507BV
6	SE-2020-0913	Catalyst 9200L-48T-4G	L2 스위치	SE001-004	서비스용	ART2310F11
7	SE-2020-0914	Power Supply B	전원	-	서비스용	JAE23080J5
8	DJ-2019-0311	Catalyst 9300-48T-A	L3 스위치	DJ001-001	서비스용	ART2304F7BV
9	DJ-2019-0312	Power Supply A	전원	-	서비스용	JAE2308K7T
10	DJ-2019-0313	Catalyst 9300-48T-A	L3 스위치	DJ001-002	서비스용	LIT23112L6
11	DJ-2019-0314	Power Supply B	전원	-	서비스용	JAE23080KI
12	DJ-2019-0315	Catalyst 9300-48T-A	L3 스위치	DJ001-003	서비스용	FCW2323G1D
13	DJ-2019-0316	Power Supply B	전원	-	서비스용	ART2315D2X
14	리스	Catalyst 9200L-48T-4G	L2 스위치	GY001-075	개발용	JAE2325079
15	리스	Power Supply A	전원	-	개발용	ART213F11U

구매일	설치일	설치 장소			감시 유무	SW Ver	유지 보수 회사	유지 보수 계약 형태	비고
		거점	층	랙 No.					
2020년7월1일	2020년9월3일	서울	기계실	A-001	○	16.10.2	파워넷	24H365	
2020년7월1일	2020년9월3일	서울	기계실	A-001	○	16.10.2	파워넷	24H365	
2020년7월1일	2020년9월3일	서울	기계실	A-001	○	-	파워넷	24H365	
2020년7월1일	2020년9월3일	서울	기계실	A-001	○	16.10.2	파워넷	24H365	
2020년7월1일	2020년9월3일	서울	기계실	A-001	○	-	파워넷	24H365	
2020년7월1일	2020년9월3일	서울	기계실	A-001	○	16.10.2	파워넷	24H365	
2020년7월1일	2020년9월3일	서울	기계실	A-001	○	-	파워넷	24H365	
2019년1월5일	2019년3월15일	대전	기계실	A-001	○	16.10.2	파워넷	24H365	
2019년1월5일	2019년3월15일	대전	기계실	A-001	○	-	파워넷	24H365	
2019년1월5일	2019년3월15일	대전	기계실	A-002	○	16.10.2	파워넷	24H365	
2019년1월5일	2019년3월15일	대전	기계실	A-002	○	-	파워넷	24H365	
2019년1월5일	설치 준비 중	대전	기계실	B-001		16.9.1	파워넷	24H365	
2019년1월5일	설치 준비 중	대전	기계실	B-001		-	파워넷	24H365	
2021년8월1일	2021년8월30일	경기	기계실	A-001		16.10.5	렌탈워크	9-18	
2021년8월1일	2021년8월30일	경기	기계실	A-001		-	렌탈워크	9-18	

기기 관리표의 예시

기기의 전수 조사는 기기 관리표를 기준으로 반년 또는 일 년에 한 번은 반드시 실시합니다. 조사를 잘 하기 위해서는 기기의 철거나 이전 시에 기기 관리표를 곧바로 갱신해야 합니다. 별것 아닌 것 같지만 이러한 반복 작업이 유사시에 조기 복구를 도와주기에 운용 및 유지 보수에서 중요한 작업입니다.

✅ 실무포인트

호스트명의 명명 규칙 만들기

호스트명의 명명 규칙은 호스트명으로 거점, 기종, 설치 장소를 알 수 있도록 정합니다. 그렇게 하면 장애 시에 호스트명을 보고 중요도나 영향 범위를 쉽게 파악할 수 있습니다. 장애 시에는 빠른 상황 파악을 요구하기에 호스트명으로 장애 부분을 파악할 수 있어야 합니다. 특히 대규모 네트워크라면 기기 수도 많아지므로 다음과 같은 요소를 넣어서 기업에 맞는 명명 규칙을 만들어봅시다.

- 거점명: 서울이라면 'SE'와 같이 앞 글자를 따는 등 판별하기 쉬운 이름으로 합니다.
- 용도 및 역할: 서비스용이면서 코어 라우터라면 네트워크에 큰 영향이 있음을 예측할 수 있습니다. 대응 시 우선도가 올라갑니다.
- 기종: 문제가 라우터에 있는지 L3 스위치에 있는지에 대한 판단을 할 수 있습니다.
- 건물: 호텔이나 백화점 등에서는 본관이나 신관 등 건물명을 붙인 경우가 있습니다. 대학에서는 1동처럼 동 번호로 명명하는 경우도 있습니다.
- 층계: 층계마다 번호를 할당합니다. 지하의 경우 B1로 하면 알기 쉽습니다.
- 번호: 연속 번호로 명명하지만 회선이 이중화되어 있어 장치가 1번 회선 장치, 2번 회선 장치 등으로 나뉘어 있다면 1번 회선 장치 쪽에 홀수, 2번 회선 장치 쪽에 짝수를 할당하는 사례도 있습니다.

위에서 필요한 요소를 넣은 후 자릿수는 되도록 짧게 통일합니다. 그 밖의 주의점으로는 착각하기 쉬운 문자의 혼합은 피합니다. 예를 들면 아래와 같으며 특수 문자는 쓰지 않도록 합니다.

혼합을 피하면 좋은 문자

- 알파벳 대문자 'O'와 숫자 '0'
- 알파벳 소문자 'l' 및 대문자 'I'와 숫자 '1'

1-5 일반적인 성능 관리

성능 관리란?

네트워크에서 **성능 관리**란 네트워크의 현재 성능을 정량적으로 측정하고 수집해서 성능을 분석하는 프로세스를 일상 업무로서 하는 것입니다. 구체적으로는 네트워크 회선 사용률이나 네트워크 기기 자체의 CPU, 메모리 성능이 충분히 발휘되고 있는지를 실시간으로 감시합니다.

미리 목표 값(앞으로 '임계치[8]'라고 합니다)을 설정하고 실제로 수집한 데이터와 수치로 비교하는 것이 중요합니다.

나아가서는 어느 프로토콜이 언제, 어디로, 어느 정도의 빈도로 흐르는지 분석하는 일도 중요합니다. 관리 밖의 프로토콜이 네트워크에 흘러 트래픽이 증가하는 것도 최근 발생하는 문제 중 하나입니다.

일반적인 성능 관리라면 아래의 두 가지를 실시합니다.

① 네트워크의 성능 관리

미리 설정한 임계치에 대해 네트워크의 전체적인 성능이 충분히 발휘되고 있는지를 감시하고 측정해 수집한 데이터를 기록하고 분석합니다. 예를 들면 'WAN 회선의 평균 사용률이 30% 이내로 유지되고 있는가?', '임계치 초과 횟수가 10회 이상 있었는가?'와 같은 관점에서 성능 상태를 기록합니다.

8 　[옮긴이] 영어로는 보통 threshold라고 표현합니다.

② 개별 제품의 성능 관리

개별 제품(네트워크 내의 관리해야 할 장치)의 CPU나 메모리의 상태를 감시하고 측정해 수집한 데이터를 기록하고 분석합니다. 예를 들어 CPU라면 '사용률이 30% 이상이면서 임계치 초과 횟수가 10회 이상 있는가?' 등입니다.

성능 관리의 주기

성능 관리는 일상에서의 감시, 분석, 튜닝, 그리고 구현의 주기로 이루어집니다.

감시는 하드웨어나 소프트웨어의 리소스가 미리 설정된 임계치를 초과하지 않았는가 확인하는 작업입니다. 주요 확인 항목으로는 WAN 회선의 사용률, 네트워크 기기의 CPU나 메모리 사용률 등이 있습니다.

분석은 감시 작업을 통해 수집된 데이터를 기준으로 시행합니다. 버스트(burst) 트래픽은 없는지, 증가 경향을 보이는 트래픽이나 프로토콜은 없는지 등을 분석해두면 차후 리소스 예측이 가능해집니다. 트래픽 증가로 인해 회선에 여유가 없어질 것이라 예측된다면 회선 증속 계획 등에 사용할 자료가 됩니다. 또한 이 시점에서 버스트 트래픽의 유무나 오류 정보를 검출할 수 있으므로 장애를 미연에 방지하거나 장애 예측도 꾀할 수 있는 장점이 있습니다.

튜닝은 분석 결과로부터 차후의 네트워크나 개별 제품에 대한 부하를 예측해 리소스를 분산시키거나 기기의 설정을 변경하는 등의 조정을 통해 성능 개선을 꾀합니다.

구현은 분석 결과를 통해 얻은 정보를 기준으로 기기 증설이나 네트워크 모듈의 증설 등을 시행해 성능 개선을 꾀합니다.

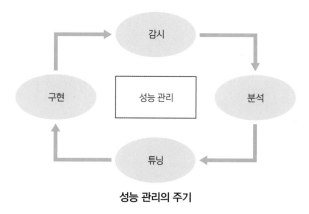

성능 관리의 주기

성능 관리를 위해 자주 쓰이는 도구

네트워크 회선의 사용률이나 기기 자체의 성능이 충분히 발휘되고 있는지를 실시간으로 감시하기 위해서는 전용 감시 장치인 **SNMP 매니저**가 필요합니다. SNMP 매니저는 네트워크나 기기의 상태를 자동으로 확인하고 분석해 네트워크 관리자가 한눈에 알아볼 수 있도록 그래픽으로 표시해줍니다. 또한 최근 현장에서는 **NetFlow**를 사용한 도구를 통해 누가, 언제, 어떤 애플리케이션을 사용했는지 가시화하고 있습니다.

▶▶ SNMP는 3-5절에서 자세히 설명합니다.

▶▶ NetFlow는 3-6절에서 자세히 설명합니다.

MEMO

네트워크 운용 관리의 기본

이 장에서는 네트워크 운용 관리의 목적과 하는 일을 살펴봅니다. 네트워크 운용 관리의 위상이나 중요성을 파악해봅시다.

2-1 네트워크 운용 관리

네트워크 운용 관리의 개요

1장의 서두에서도 언급했듯 네트워크 운용 업무에는 네트워크 감시나 월간 트래픽 보고서 작성 등의 **일상 업무**와 네트워크에 어떤 문제가 일어났을 때 대응하는 등의 **비일상 업무**가 있습니다. 이 네트워크 운용 프로세스들이 잘 돌아가는지 유지 관리하는 업무를 **운용 관리**라 부릅니다.

업무로서 네트워크 운용 관리의 목적은 고객(서비스를 이용하는 쪽)과 합의한 서비스 수준 (Service Level Agreement, SLA)을 유지하는 것입니다. 그리고 네트워크 정지로 인한 고객의 사업에 미치는 영향을 최소한으로 줄이며 네트워크 운용 서비스를 안정적으로 공급해 신뢰를 얻어야 합니다.

> **중요** 네트워크 운용 관리 프로세스에 대한 감시가 필요
>
> 네트워크의 운용 단계에 들어가면 일상적인 업무를 잘 처리하는 것을 목적으로 삼기 쉬운데, 가장 중요한 점은 네트워크 운용 관리 프로세스가 잘 돌아가야 합니다. 일상 업무와 더불어 프로세스를 감시해 작업을 재검토하거나 불필요한 작업을 폐지하는 등의 개선이 필요합니다.

네트워크 운용 관리에는 다양한 역할이 있으며 크게 다음의 세 가지 정리할 수 있습니다.

- 네트워크 운용 서비스의 안정적인 공급과 지원
- 장애 영향의 최소화
- 접근 관리

네트워크 운용 서비스의 안정적인 공급과 지원

네트워크를 이용할 수 있는 상태를 유지하거나 사용자를 지원하는 일은 당연하지만, 그런 행동을 어느 특정 사람에게 의존하는 것이 아닌 조직적인 대응을 통해 안정적으로 제공하면서 지속적인 개선을 해 나가는 것이 중요합니다.

중요한 업무를 아래 세 가지로 정리할 수 있습니다.

- 사용자를 지원한다.
- IT(정보 기술) 자산을 관리한다.
- 네트워크 운용 관리를 지속적으로 개선한다.

첫 번째인 **'사용자를 지원한다'**는 서비스 이용 방법을 모르거나 장애로 인해 서비스를 이용할 수 없을 때 적절한 조언을 제공함으로써 서비스 이용자를 지원하는 일입니다. 현장에서는 이 기능을 **헬프 데스크**라고도 합니다. 사용자가 PC 조작법이나 IT에 관한 사소한 질문을 할 수 있는 창구를 설치해 사용자 개개인을 지원해 고객의 만족도를 유지하며 향상시킵니다.

두 번째인 **'IT(정보 기술) 자산을 관리한다'**는 네트워크 서비스나 헬프 데스크에서 사용 중인 애플리케이션, 네트워크 기기를 지속적으로 감시해 네트워크 자체의 안정적인 공급을 유지하는 일입니다. 장애 발생 시에는 네트워크 전체를 조사해 조기 복구를 최우선으로 대응합니다. 또한 상황에 따라서는 잠정적 복구로 전환하는 등 현장에서 즉시 판단하기도 합니다. 최종적으로는 항구적인 해결을 시행합니다.

세 번째인 **'네트워크 운용 관리를 지속적으로 개선한다'**는 네트워크 서비스 품질을 안정적으로 유지하기 위해 운용 프로세스와 기능, 네트워크를 지탱하는 기술을 지속적으로 개선하는 것을 의미합니다. 네트워크 운용 서비스의 실태를 감시하며 개선된 프로세스를 구축해 최적화를 꾀합니다.

장애 영향의 최소화

네트워크 운용 관리에서 최우선이며 **네트워크 장애가 고객의 사업에 주는 영향을 최소한으**

로 줄이는 것이 가장 중요합니다. 항구적인 해결을 목표하면서도 일단은 영향을 어떻게 최소화하는지가 중요합니다.

잠정적으로 복구해 일시적으로 사용자가 이용할 수 있는 상태로 만듭니다. 이중화된 네트워크 환경이라면 네트워크를 스탠바이 장치로 전환해 단중화 상태로 잠정적으로 복구하는 등의 대응을 실시합니다.

또한 장애 방지를 위해 평소에 인시던트(incident) 관리를 통해 네트워크 상태나 장애 경향을 파악하며, 문제 관리를 통해 네트워크 서비스 장애의 횟수를 최소화하는 것이 중요합니다.

▶▶ 인시던트 관리는 2-2절에서, 문제 관리는 2-3절에서 설명합니다.

접근 관리

허가된 사람, IT 기기만이 네트워크에 존재한다는 말은 당연하게 들리지만 관리가 되지 않는 경우도 있습니다. 도입 당초에는 제대로 관리되고 있었으나 시간이 지나며 관리 담당자가 바뀌는 등 문서가 갱신되어 있지 않아 자료의 소재를 파악할 수 없어 네트워크 운용 관리가 파탄에 이르는 상황은 자주 있는 얘기입니다.

네트워크 서비스로의 접근은 허가된 사람만이 제공받을 수 있는 상태를 지속적으로 유지하는 것이 중요합니다. 이를 위해서는 누가, 언제, 어디서 접근 중인지 등 현재 상황을 파악할 수 있는 상태여야 합니다. 또한 바이러스 대책이 시행되지 않은 PC와 같은 단말에는 일시적으로 네트워크에 접근할 수 없도록 하는 등의 관리가 필요합니다.

▶▶ 접근 관리는 2-4절에서 설명합니다.

인시던트 관리

인시던트 관리의 개요

인시던트 관리의 목적은 서비스가 평소와는 다른 상태가 됐을 때 초기 대응함으로써 서비스의 영향을 최소화하는 것입니다.

인시던트(incident)란 일어난 일이나 사건이라는 의미로, 네트워크 운용 관리에서는 네트워크 서비스 정지나 네트워크 지연, 사용자의 불만 제기 등 네트워크 서비스의 품질과 상태가 평소와는 다르며 만족하지 못하는 등의 상태를 말합니다.

예를 들어 네트워크 기기가 이중화 구성이 되어 있는데, 부품 한쪽이 고장 난 경우 등 서비스에 영향을 주지 않고 있는 상황이더라도 인시던트로 간주합니다. 즉, 정상이 아닌 상태입니다.

이와 같은 상태를 인시던트 관리표(다음 항에서 소개)에 기재하고 관리합니다. 그리고 언제, 어디서, 누가, 무엇을 대처했는지 같은 정보를 축적해 나가면 문제가 발생할 경우 일시적인지 지속적인지에 대한 경향을 알 수 있습니다. 문제가 지속적으로 일어난다면 미연에 방지할 수 있는 대책이 필요하며 문제 관리표로 이전해 항구적인 대책을 시행해야 할 것입니다.

▶▶ 문제 관리의 방법은 2-3절에서 해설합니다.

인시던트 관리의 운용

인시던트 관리에서는 다음 그림과 같은 **인시던트 관리표**를 작성합니다. 관리표는 만들면 끝이 아니며, 지속적으로 갱신해야 합니다.

요청 부서	요청자	내용	처리 담당	기한	원인	대처(예정)	상태	완료일	확인자
해외영업	김진혁	한국에서 미국 미시건 공장으로의 파일 전송이 지난 주부터 2배 걸리는 상태가 계속되고 있다.	이민성	2022.4.25	A부서에서 미국 공장으로 대량의 CAD 데이터를 보낸 것이 원인	• 잠정적 대처로서 오늘 21시에 우선 제어 설정을 변경한다. • 항구적 대처는 다음 주 SE부서와 협의하여 근본적인 해결을 한다. • 인시던트는 클로즈하고 문제 해결표에 이전한다.	완료	2022.4.25	김석훈
A영업	홍하나	3F PC에 사용할 주소를 요청했는데 아직 답이 없다.	김성훈	2022.4.26	IP 주소 기재 상태가 'xxxx'	IP 주소 체계를 재고하여 4/28까지 배포 예정.	완료	2022.4.28	김석훈
A영업	홍하나	계정 등록 방법에 관한 문의	김성훈	2022.4.27	–	계정 등록 방법 매뉴얼이 있는 곳을 메일로 답변함.	완료	2022.4.27	김석훈

인시던트 관리표

그리고 다음과 같은 항목을 고려하면서 제한된 자원과 시간 안에서 대처해 나가게 됩니다.

- 축적된 인시던트 중에서 어느 것을 먼저 해결해야 하는가?
- 인시던트에 대처하기 위해 사람, 물건, 돈을 사용하는가?
- 어느 타이밍에 대처하는가?

즉, 인시던트를 효율적이면서 신속하게 대처하기 위해서는 다음과 같은 지침이나 규칙도 필요합니다.

- 인시던트의 진단 절차
- 우선도의 설정 방법이나 절차
- 에스컬레이션의 규칙이나 절차

우선도는 고객의 업무에 주는 영향이나 미리 정해진 복구 목표 시간 등으로부터 긴급도를 고려해 결정합니다. 고객의 업무에 심각한 피해를 줄 가능성이 있는 중대한 인시던트라면 사업 책임자에게 에스컬레이션하는 규칙도 정해야 합니다.

에스컬레이션 규칙의 제정

인시던트를 효율적으로 처리하기 위해서는 **인시던트를 적절한 담당이나 조직에 할당**해야 합니다. 인시던트를 처리하는 담당자를 영향도에 따라 바꿔야 하며 이를 **에스컬레이션(escalation)**이라 부릅니다. 인시던트를 처리할 때 전문성이나 기술적 난이도에 따라 담당자에게 할당을 기능적으로 에스컬레이션하는 경우도 있습니다(다음 그림을 참고). 또한 사람, 물건, 돈을 움직이기 위해서는 책임을 갖는 상위 직급자에게 보고해야 합니다.

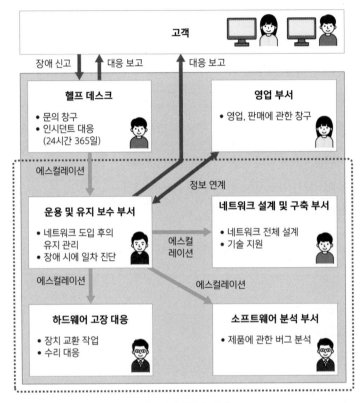

에스컬레이션의 예시

인시던트 대응의 최전선에 있는 헬프 데스크는 인시던트 관리 시 정해진 에스컬레이션 규칙에 따라 인시던트를 처리해 나갑니다.

◆ **실무포인트**

실제로 있는 문의나 요청

운용이 시작되면 사용자로부터 네트워크 장애만이 아닌 다양한 문의나 요청을 받습니다. 예를 들면 다음과 같습니다.

- PC의 조작법이나 네트워크 연결 방법 문의
- 소모품의 교환 요청
- 암호 초기화나 계정 생성 요청
- 애플리케이션이나 서비스 내용에 관한 문의
- 불만 사항

이는 대부분 변경의 위험도가 낮거나 단시간에 처리할 수 있는 작업 요청입니다. 그러나 부하가 적은 개별 요구사항이라도 빈도가 높다면 헬프 데스크의 부담도 무시할 수는 없습니다. 미리 인시던트 대응 규칙을 제정해 효율적이면서 전문적으로 대응함으로써 고객(서비스를 이용하는 쪽)의 만족도를 유지해야 합니다.

2-3 문제 관리

문제 관리의 개요

네트워크 운용 관리에서 **문제**란 발생한 인시던트 및 운용 상황 중에서 근본적인 원인을 특정해야 한다고 판단한 것입니다.

문제 관리의 달성 목표는 근본적인 원인을 제거하는 것입니다. 문제 관리에는 인시던트의 근본적인 원인을 조사하기 위한 행동이나 그런 문제들의 해결책을 검토하기 위한 행동을 포함합니다.

문제를 관리하려면 다음 그림과 같은 **문제 관리표**를 작성합니다. 소프트웨어의 버전 업그레이드나 회선 증속 등 일반적인 유지 관리로는 대처할 수 없는 사항을 근본적으로 해결할 때까지 문제 관리표로 관리해 나갑니다. 또한 항구적인 대책을 마련할 때까지의 잠정적인 처치(워크어라운드)에 관한 정보를 보유하게 됨으로써, 조직이 시간에 지남에 따라 인시던트의 수와 영향을 줄여 나갈 수 있게 합니다.

No.	문제 발생 일자		분류	상세 내용	담당자	원인	문제 해결책	대처 예정일	상태	완료일	확인자
1	2022.4.25	10:00	중대	한국에서 미국 미시건 공장으로 파일의 전송이 지난 주부터 2배 걸리는 상태가 계속되고 있다.	이민성	A 프로젝트 수주에 따라 공장 인원이 증가해 트래픽이 증가함	WAN 회선의 증설 (현재 1G 회선에서 10G 회선으로)	2022.7.25	대처중		
2	2022.5.25	10:00	중대	대전 지사의 WAN 라우터 고장	김성훈	하드웨어 고장	하드웨어 교환 작업	2022.5.26	완료	2022.5.26	김석훈
3	2022.5.25	20:00	중대	안양 지사의 L2 스위치 고장	김성훈	하드웨어 고장	하드웨어 교환 작업	2022.5.26	완료	2022.5.26	김석훈

문제 관리표

문제

네트워크 운용 관리에서 문제란 인시던트를 일으키는 요인을 말하며, 일상 생활에서 말하는 문제와는 조금 의미가 다릅니다.

예를 들어 네트워크 기기가 갑자기 재기동되었다고 합시다. 그리고 이 인시던트는 자연적으로 복구되어 정상인 상태가 되었습니다. 이때, 이 인시던트는 재발할 가능성이 있다고 간주해 왜 이 인시던트가 일어났는지 근본적인 원인을 특정해야 합니다. 따라서 이 사안을 인시던트 관리표에서 문제 관리표로 이동합니다. 이처럼 인시던트를 일으킨 불량한 상태를 막연히 지칭하기 위해 문제라는 표현을 사용합니다.

⚠️ 주의 문제와 오류

소프트웨어의 버그는 오류라 부르지만 원인이 특정되기 전까지 오류라는 말은 사용할 수 없습니다.

알려진 오류

원인 조사를 진행한 후 원인이 분명해지고, 과거에도 같은 일이 있었던 문제라면 **알려진 오류**라고 부릅니다. 소프트웨어의 버그를 예로 들면 어떤 라우터의 메모리 사용률이 90%가 된 상황이라 합시다. 메모리 사용률이 항상 90%인 상태는 이상합니다. 제조사에 문의해 과거에 있었던 일과 같다고 판정되면 알려진 오류입니다. 이러한 문제는 따로따로 대처를 하는 것이 아닌 알려진 오류와 같은 방법으로 대처합니다. 소프트웨어의 버그라면 버전 업그레이드로 대응해 문제를 해결합니다.

문제 관리의 역할은 알려진 오류로부터 경향을 분석해 근본적인 원인을 밝히는 것으로, 인시던트의 재발을 방지하고 문제를 제거하는 것이 목적입니다.

네트워크 운용에 들어가기 전의 도입 프로젝트에서 발생한 알려진 오류여도 해결이 지연될 경우는 네트워크 운용 관리로 이관되어 문제로 관리됩니다.

워크어라운드

문제가 해결되기 전에 발생하는 인시던트나 바로 해결할 수 없는 문제에 기인하는 인시던트는 잠정적인 처치인 **워크어라운드**(workaround)로 대처합니다. 워크어라운드란 인시던트에 일시적인 해결 수단, 문제를 우회해서 회피하는 방법 등을 말합니다. 그럼으로써 네트워크에 주는 영향을 최소한으로 줄일 수 있습니다.

예를 들어 네트워크 기기의 포트에 불량이 발생했습니다. 그때 다른 포트로 연결해 잠정적으로 네트워크를 복구하는 방법이 워크어라운드의 예시입니다.

현장속으로 **워크어라운드의 함정**

네트워크가 운용 단계에 들어가고 나서 진행하는 워크어라운드에는 함정이 있습니다. 자주 있는 상황으로는 잠정적인 처치가 만성화되어 항구적인 대책을 게을리하는 점입니다. 시간이 흘러 아무도 기억하지 못해 그 상태 그대로 이어지는 패턴입니다.

이는 꼭 피해야 합니다. 네트워크 운용 관리의 일환으로 주나 월 단위로 이루어지는 정기 보고회 등에서 기한을 관리해 항구적인 대책이 이루어질 때까지 엄밀히 관리해야 합니다.

항구적인 대책

항구적인 대책은 해결책이라고도 합니다. 인시던트의 재발 우려가 없어졌을 때 문제가 해결되었다고 보고 클로즈(종결)합니다. 문제의 해결책은 인시던트를 재발시키지 않는 대책이며 그 대부분은 인시던트의 근본적인 원인을 제거하는 행동입니다. 문제 관리는 이를 목표로 하여 일상적인 업무를 진행합니다.

42 **CHAPTER 2** 네트워크 운용 관리의 기본

2-4 접근 관리

접근 관리의 개요

접근 관리의 목적은 **누가, 언제, 어디서 네트워크를 이용했는지**에 대한 행적을 파악하는 것입니다. 네트워크 운용 관리의 일환으로 PC를 이용할 때도 네트워크 이용 신청이 필요합니다. 또한 접근 제어를 이용해 접근 권한을 부여, 변경 및 제한하기도 합니다.

접근 관리 시 목표는 다음과 같습니다.

- 접근 권한의 부여, 변경, 삭제 요청에 대응하며 적절한 권한이 부여되도록 유지 관리한다.
- 네트워크로의 접근을 감시해 부정한 접근이 이루어지지 않도록 유지 관리한다.

접근 요청 대응

네트워크로의 **접근 요청**은 다음과 같은 경우에 발생합니다.

- 채용, 이동, 퇴직 등 인사에 기인하는 요청
- 네트워크 이용에 관한 사용자로부터의 요청
- 정보 보안 요건이나 서비스 내용의 변경에 따른 접근 권한의 변경 요청

접근 관리 시에는 요청자나 요청 자체를 검증해 정당한지를 확인합니다. 문제가 없다면 해당 요청에 대응합니다.

2-5 헬프 데스크의 역할

네트워크 운용 관리라는 구조에서 **헬프 데스크**의 역할은 **사용자의 문의를 하나의 채널로 접수하는 창구를 제공하는** 것입니다. 인시던트가 발생했을 때는 인시던트 관리에서 정한 절차에 따라 대응합니다. 기술적으로 깊은 내용이거나 중요도에 따라서 에스컬레이션을 실시하는 것도 헬프 데스크의 역할입니다.

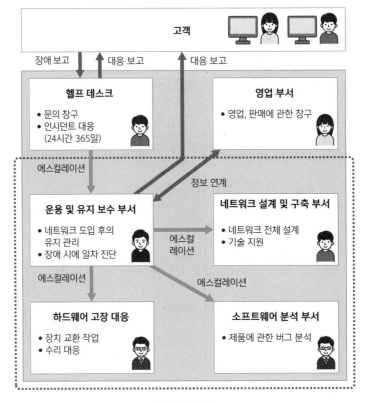

헬프 데스크

헬프 데스크는 모든 대응 이력을 기록합니다. 전화로 대응했다면 녹음합니다. 모든 사실을 기록함으로써 네트워크 운용 관리의 상황을 파악할 수 있으며 앞으로의 운용을 개선하는 데 유용한 정보로 사용할 수 있습니다.

예를 들어 '인시던트의 수'나 '직원이 가장 시간을 소모하고 있는 대응 내용' 등을 분류해 분석함으로써 개선해야 할 사항을 개인이나 조직 모두가 파악할 수 있습니다.

⊘ 실무포인트 ━━━━━━━━━━━━━━━━━━━━━━━━━━━━

헬프 데스크의 운영

헬프 데스크의 체계 및 설치 장소는 사업의 규모나 제공하는 내용에 따라 달라집니다. 다만 지원 거점의 장소나 수에 관계없이 사용자가 하나의 존재로 느낄 수 있게끔 운영합니다.

고객(서비스를 이용하는 쪽)이 여러 거점에 존재할 때는 동, 서로 나눠서 문의를 접수합니다. 이는 자연 재해 등에 대응하는 BCP(Business Continuity Plan, 업무 연속성 계획) 대책에도 해당합니다.

세계적인 규모로 헬프 데스크를 운영해 24시간 지원을 하는 회사도 있습니다. 예를 들어 한국, 영국(시차 8시간), 북미(시차 13시간)와 같이 주간의 서비스 거점을 차례로 이어감으로써 24시간 서비스를 제공하는 구조를 갖습니다.

제조사의 제품 지원에 특화된 내용이라면 사용자 구역에 상주하거나 콜 센터 사업자 내에 제조사 전용 부스를 설치해 헬프 데스크 업무를 하기도 합니다.

━━

2-6 네트워크 운용 관리 도구

네트워크 운용 관리 업무에 이용하는 도구는 크게 두 가지로 나눌 수 있습니다. 하나는 헬프 데스크를 지원하는 도구, 다른 하나는 네트워크 운용 감시를 지원하는 도구입니다.

헬프 데스크를 지원하는 도구

헬프 데스크를 지원하는 도구는 헬프 데스크로 문의하는 내용이나 인시던트 정보 등을 기록해 관련 문제, 변경 작업 등을 종합적으로 관리하는 기능을 제공합니다.

대기업에서는 독자적인 콜 센터 시스템을 사용하는 경우도 있습니다.

네트워크 운용 감시를 지원하는 도구

네트워크 운용 감시를 지원하는 도구는 네트워크에 존재하는 네트워크 기기를 감시해 상황을 파악하는 기능을 제공합니다.

네트워크 운용 감시 도구는 크게 네트워크 기기 제조사가 자사의 제품을 관리할 목적으로 제공하는 것과 특정 기기와는 상관없이 운용 업무를 폭넓게 지원하는 것으로 나뉩니다.

네트워크 기기 제조사가 제공하는 도구는 자사 제품의 기능이나 성능을 최대한으로 발휘하도록 세세한 제어가 가능합니다. 한편 범용적인 운용 감시 도구는 운용 관리자가 시스템 전체를 통합해 관리할 수 있도록 일관성 있는 조작 환경이나 표시 기능을 제공합니다. 현재는 네트워크 기기, 서버, PC에 한정하지 않고 프린터, 감시 카메라, 옥내 신호등과 같이 모든 것이 네트워크에 연결되어 있어 범용적인 운용 감시 도구를 이용하는 경향이 강해지고 있습니다.

네트워크 운용 감시 도구의 기능

일반적으로 네트워크 운용 감시 도구에는 다음과 같은 기능이 포함되어 있습니다.

- **통합 콘솔**

  서비스를 제공하는 각 시스템의 가동 상황이나 경보를 집중 관리하는 기능입니다. 네트워크 운용 담당자는 이 화면을 감시해 네트워크가 정상인 상태를 유지합니다.

- **구성 관리**

  네트워크 기기의 하드웨어 구성, 소프트웨어의 버전과 같은 구성 정보를 관리합니다. 설정값을 자동으로 수집하는 기능을 갖는 도구도 있습니다.

- **일정 관리**

  업무를 수행하기 위해 필요한 배치(batch) 처리를 스케줄을 통해 자동적으로 실행합니다.

- **자원 및 성능 관리**

  네트워크 회선의 사용률이나 CPU, 메모리의 사용률 등과 같은 성능을 감시 및 분석합니다.

- **네트워크 관리**

  네트워크 기기가 정상임을 감시하거나 이상을 탐지하기 위한 기능을 제공합니다. 이상이 발생하면 감시 화면의 색을 변화시키는 등 시각적으로 발견하기 쉽게 되어 있습니다.

- **백업 관리**

  네트워크 감시 장치 자체에 대한 정기적인 백업이나 복원을 하는 기능을 제공합니다.

네트워크 운용 감시 도구의 구체적인 기능은 다음 장에서 설명합니다.

MEMO

네트워크 운용 감시의 기본

이 장에서는 네트워크 운용 감시 업무와 네트워크 운용 감시 도구인 감시 장치를 알아봅니다. 네트워크 운용 감시의 목적이나 중요성, 현장에서 빠지기 쉬운 함정도 살펴봅시다.

3-1 네트워크 운용 감시 업무

네트워크 운용 감시 업무는 운용에서 중심적인 업무입니다. 지금의 네트워크 운용 및 유지 보수 업무는 장애 대응보다도 미연에 방지하는 행동이 더 많기 때문입니다. 여기서 말하는 미연에 방지하는 행동은 네트워크가 정상적으로 작동 중인지 감시하는 것입니다. 네트워크 운용 감시 업무를 잘하면 장애 대응의 빈도를 줄이고 유사시에 즉시 대응할 수 있습니다.

그러면 구체적으로 무엇을 감시하는지 알아보겠습니다.

- **네트워크 기기 본체나 포트가 정상적으로 작동하고 있는가?**

  네트워크 기기가 작동하지 않으면 통신 단절이 발생하기에 바로 대응해야 합니다.

- **네트워크 기기의 CPU나 메모리에 부하가 걸리지는 않았는가?**

  부하가 걸려 있다면 네트워크 기기가 불안정해질 가능성이 있습니다. 곧바로 임시 대처를 한 후 항구적인 대책을 검토해야 합니다.

- **WAN 회선의 사용률이 늘어났는가?**

  통신 단절이 발생하지 않더라도 통신 지연의 발생이나 접속을 하기 어려워집니다. 문제가 일시적인지 만성적인지 원인을 찾습니다.

네트워크는 24시간 365일 감시해야 하지만 당연히 전산실에 있는 장치 앞에 계속 있을 수는 없습니다. **보통은 원격으로 감시를 진행합니다.** 일반적으로 **원격 감시**는 여러 대의 네트워크 감시 단말(모니터)을 여러 명이 상시적으로 감시합니다. 네트워크 감시 단말에 변화나 알람은 없는지 교대제로 상시 감시합니다.

한편 **통신 단절 등으로 네트워크 기기의 장애가 의심될 때는 실제로 현장에 나가서 눈으로 직접 확인합니다.** 원격으로는 물리적인 확인이 불가능합니다. 전산실에 설치된 네트워크 기기의 LED 램프, 전원, LAN 케이블의 연결 상태를 직접 확인해 정상인지를 확인합니다.

WAN 회선은 과거와 이번 달을 비교하거나, 이번 달에 과도한 트래픽이 특정 단말로부터 발생한 것은 아닌지 등의 관점으로 측정합니다. 이 업무는 월 단위로 정해진 일자에 시행합니다.

네트워크 감시 장치

네트워크 운용 감시 업무를 하는 데 업무를 지탱하는 도구가 바로 **네트워크 감시 장치**입니다. 네트워크 감시 장치는 감시 소프트웨어를 설치한 서버를 말합니다. 대표적인 감시 소프트웨어로는 SolarWinds, Zabbix(오픈 소스), Nagios, Cacti 등이 있습니다. 이 밖에도 다양한 무료 및 유료 장치가 있습니다. 네트워크나 서버의 정상 작동을 확인한다는 점은 모두 같습니다.

감시 대상은 일반적으로 네트워크 기기와 서버입니다.

감시는 크게 '사활 감시'와 'MIB(Management Information Base) 감시'로 나누어집니다. **사활 감시는 기기의 IP 주소로 ping을 보내 본체가 가동되고 있는지를 감시합니다. MIB 감시는 기기의 CPU나 메모리의 이상 수치 등 본체를 내부까지 감시합니다.** MIB 감시를 하고 싶은 네트워크 기기에는 SNMP(Simple Network Management Protocol) 설정이 필요합니다.

▶▶ ping은 3-3절에서, SNMP와 MIB는 3-5절에서 설명합니다.

네트워크 기기에 어떤 문제가 생기면 네트워크 기기가 네트워크 감시 장치(감시 소프트웨어)에 Syslog나 SNMP 등으로 메시지를 보내, 네트워크 감시 장치가 오류 내용을 네트워크 감시 장치의 모니터에 표시합니다. 예를 들어 사활 감시라면 '스위치의 8번 포트가 다운됐습니다', MIB 감시라면 '라우터의 CPU 사용률이 50%를 넘었습니다'와 같이 무엇을 어디까지 감시할지에 따라 통보 내용이 달라집니다.

감시 소프트웨어의 통보 방법으로는 일반적으로 경보 메시지를 화면에 표시하도록 하며, 네트워크 운용 담당자에게 메일로 알려주거나 경광등을 점등시켜 곧바로 장애를 인식해 대응할 수 있는 구조로 만들 수도 있습니다.

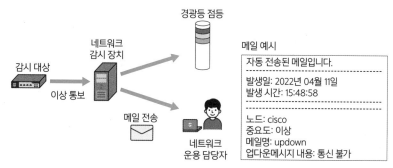

네트워크 감시 장치의 연동 기능

네트워크 감시 장치에 요구하는 기능

지금의 기업 네트워크는 점점 복잡화, 다양화되고 있으며 네트워크 운용 관리자의 부담은 나날이 늘어나고 있습니다. 그렇기에 네트워크를 어떻게 효율적으로 관리할지, 어떻게 관리 비용을 줄일지가 기업이 해결할 중요한 과제입니다.

이런 배경으로부터 현재의 네트워크 감시 장치는 그저 네트워크를 감시하는 것에 그치지 않고 네트워크 구성 관리나 장애 대응, 그리고 성능 관리를 위한 기능까지 갖추고 있습니다. 네트워크 감시라는 역할에 그치지 않고 네트워크 운용 및 유지 보수를 하는 장치라고 여겨야 합니다.

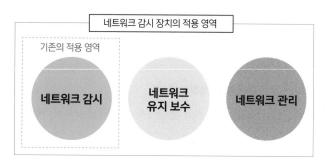

네트워크 감시 장치의 적용 영역

일반적인 네트워크 감시 장치가 갖추고 있는 기능은 다음과 같습니다.

네트워크 감시

- **네트워크에 연결되어 있는 기기를 파악하는 기능**

  네트워크 기기를 자동으로 발견해 지도로 표시하며 리스트를 작성합니다.

- **네트워크 장애를 신속하게 탐지하는 기능**

  장애 상황을 네트워크 감시 장치에서 알리며 지도 아이콘에 표시합니다. 덧붙여 메일 통보, 경광등 등과 같은 통보 기능도 있습니다.

- **네트워크 트래픽을 감시하는 기능**

  트래픽 정보를 정기적으로 네트워크 감시 장치로 수집해 임계치의 감시나 성능 보고서를 작성할 수 있습니다.

▶▶ 이 기능들은 3-2절에서 자세히 설명합니다.

네트워크 유지 보수

- **네트워크 기기의 설정값을 정기적으로 백업하는 기능**

  유지 보수 업무에서 중요한 것은 네트워크 기기의 설정값을 백업하는 일입니다. 각 장치를 일일이 로그인하기란 힘들기에 작업을 자동화해 업무의 효율을 높입니다. 설정의 변경 이력 관리나 차분 표시 기능도 병용해 작업 시의 실수를 미연에 방지합니다.

현장속으로 **자동 백업 실시 시간**

자동 백업을 실시하는 시간은 일반 기업이라면 네트워크에 영향을 적게 미치는 심야 시간대인 오전 1시에서 5시로 설정합니다.

- **네트워크 기기의 소프트웨어를 관리하는 기능**

  다양한 제조사의 기기가 있는 네트워크 환경에서 기기의 소프트웨어를 일괄적으로 관리할 수 있습니다.

- **감시 화면상에서 이루어지는 조작이나 자동 실행된 처리의 이력을 자동으로 기록하는 기능**

증적 관리를 위해서 금융이나 증권 네트워크 등에서 자주 사용하는 기능입니다.

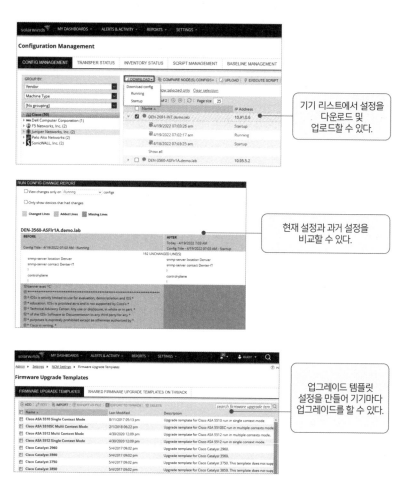

설정 및 소프트웨어의 관리(SolarWinds의 예시)

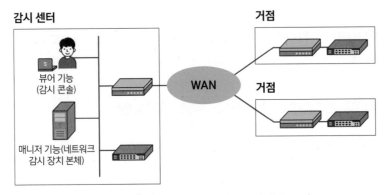

일반적인 네트워크 감시 장치의 구성 예시

3-2 네트워크 감시 장치의 주요 기능

네트워크 감시 장치의 주요 기능은 다음 세 가지로 분류할 수 있습니다.

- 구성 관리
- 장애 관리
- 성능 관리

구성 관리

네트워크 감시 장치는 **복잡한 네트워크 구성을 시각적으로 알기 쉽게 관리할** 수 있습니다. 네트워크 운용 관리자는 네트워크 기기나 연결선(물리적 토폴로지)을 모니터에서 확인해 장애 시의 진단 등에 사용할 수 있습니다.

네트워크 기기 간의 연결선(물리적 토폴로지)을 확인할 수 있다.

네트워크 구성의 맵 표시(SolarWinds의 예시)

포트의 상태를 시각적으로 확인할 수 있다.

네트워크 기기의 전면 패널부를 표시하는 화면(SolarWinds의 예시)

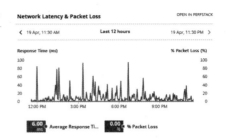

장치의 CPU와 메모리 사용률

네트워크 지연율과 패킷 손실률

네트워크 기기의 상태를 파악(SolarWinds의 예시)

현장속으로　연결선(물리적 토폴로지)의 표시

감시 대상인 네트워크 기기가 많아지면 화면이 복잡해져 네트워크 기기 간의 연결선(물리적 토폴로지)을 표시하지 않는 운용 방법도 있습니다.

빠른 장애 탐지를 최우선으로 생각해 시각적으로 보기 쉽도록 운용 설계를 고려해야 합니다.

현장속으로　네트워크 기기의 전면 패널부 화면의 표시

네트워크 기기의 전면 패널부 화면을 표시해주는 기능은 감시 대상인 네트워크 기기가 적을 때는 유용합니다. 시각적으로 보기 쉽기에 장애 위치를 일목요연하게 알 수 있습니다.

한편 화면을 이미지로 표현하므로 트래픽을 소비한다는 점과 포트 단위라면 물리적인 장애일 가능성도 있기 때문에 현실적으로는 우선 현장을 확인하는 것이 철칙입니다. 기능을 갖추고는 있다고 이해하면 되겠습니다.

장애 관리

네트워크 감시 장치는 **네트워크의 장애를 신속히 탐지**하기 위해서 다음과 같은 기능을 갖추고 있습니다.

네트워크상의 기기를 일원화 감시

네트워크 기기, 서버, 프린터 등 네트워크에 존재하는 기기를 일원화해 감시할 수 있습니다. 예를 들어 CPU나 메모리의 사용률을 상시적으로 감시해 리소스 부족을 사전에 탐지함으로써 장애를 미연에 방지할 수 있습니다.

장애 발생 시에도 네트워크 기기의 장애 상황을 재빨리 파악해 경보 리스트에서 장애가 발생한 기기를 특정할 수 있습니다.

네트워크상의 기기를 일원화 감시(SolarWinds의 예시)

현장속으로 감시 화면의 색 분류 설정

이상: 빨강… 노드 다운

경고: 노랑… 포트 장애

정상: 녹색… 정상 가동

이렇게 하면 어느 거점의 어느 기기가 어떤 상황인지에 대한 전체 구조를 파악할 수 있습니다.

빠른 장애 탐지를 최우선으로 생각해 시각적으로 보기 쉽도록 운용 설계를 고려해야 합니다.

네트워크 기기 간의 연결선 감시

네트워크 기기 간의 연결선(물리적 토폴로지)을 감시할 수 있습니다. 예를 들어 포트에 장애가 발생한 때나 트래픽이 임계치를 넘었을 때와 같은 상황에 한눈으로 상태를 파악할 수 있습니다. 또한 회선 사용률에 따라 연결선의 색을 변화시켜 중요도를 가시화할 수도 있습니다.

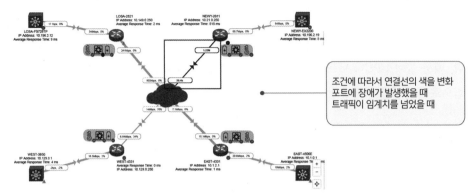

네트워크 기기 간의 연결선 감시

조건에 따라서 연결선의 색을 변화
포트에 장애가 발생했을 때
트래픽이 임계치를 넘었을 때

현장속으로 **네트워크 감시의 사각 지대**

네트워크 감시에도 사각 지대가 있습니다. 예를 들어 통신사망 내의 장애입니다. 고객 구역의 회선과 직접 연결된 부분이라면 고객 구역 라우터의 WAN 포트가 다운된 것을 감지해 네트워크 감시 장치에서 장애를 탐지할 수 있습니다. 그러나 그 앞단에 있는 통신사망 내의 설비에 장애가 발생하면 고객 구역에 설치된 네트워크 감시 장치에서는 탐지할 수 없습니다. 고객 또는 통신사의 감시 요원이 신고를 해야 비로소 장애가 발생했음을 알 수 있게 됩니다.

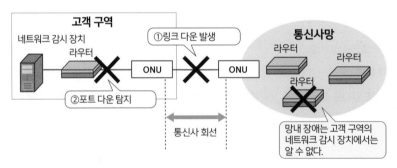

네트워크 감시의 사각 지대

네트워크 기기의 감시 방법

감시 방법		감시 조건
상태 감시	사활 감시	IP 주소를 갖는 기기라면 감시 가능
	MIB 감시	기기의 정보(MIB) 모두가 감시 대상
		기기의 상태를 임계치로 감시 가능
SNMP 트랩		어떤 이벤트가 발생했을 때 네트워크 기기로부터 통보
		기종마다 상세한 상태 정보를 확인 가능

▶▶ 감시 방법은 3-3절, SNMP와 MIB는 3-5절에서 설명합니다.

경보 표시

특정 네트워크 기기의 경보를 조건을 지정해 표시할 수 있습니다. 장치가 출력하는 Syslog 를 한 줄씩 분석하는 것은 매우 비효율적입니다. 경보 표시의 조건을 지정해 알고 싶은 내용만 표시함으로써 간단히 장애 발생의 원인을 특정할 수 있습니다. 이 기능을 통해 중요한 장애를 놓치지 않을 수 있습니다.

또한 장애 시에 같은 경보가 대량으로 발생해 다른 경보를 가려버리는 경우도 있습니다. 그럴 때는 경보의 축약 기능을 사용하면 중요한 장애를 놓치지 않을 수 있습니다.

경보의 조건을 지정해서 보고 싶은 것만 표시

특정 네트워크 기기의 경보 표시

⑦ Alert name	⑦ Message	⑦ Object that triggered this alert	⑦ Active time
⚠ High Transmit Perc High Transmit Percent Utilization	● GigabitEthernet5/0/2 · DC Humidor on DEN-3750-SwitchS	4d 21h 1m
⚠ High Transmit Perc High Transmit Percent Utilization	● GigabitEthernet7/0/18 · Warehouse Tech User on DEN-37?	4d 21h 1m
⚠ High Transmit Perc High Transmit Percent Utilization	● GigabitEthernet7/0/29 · *Fastenal Vending Machine 10.4.(	4d 21h 4m
⚠ High Transmit Perc High Transmit Percent Utilization	● GigabitEthernet6/0/2 · Gi6/0/2 on DEN-3750-SwitchStack	4d 21h 5m
⚠ High Transmit Perc High Transmit Percent Utilization	● GigabitEthernet6/0/24 · Shane Long on DEN-3750-SwitchS	4d 21h 5m
⚠ High Transmit Perc High Transmit Percent Utilization	● GigabitEthernet4/0/23 · Joel Fasnacht on DEN-3750-Sw	4d 21h 8m
⚠ High Transmit Perc High Transmit Percent Utilization	● GigabitEthernet5/0/3 · *Cigarette Line · Can II Net on DEN	4d 21h 10m
⚠ High Transmit Perc High Transmit Percent Utilization	● GigabitEthernet4/0/39 · Todd Nedegaard on DEN-3750-Sw	4d 21h 13m
⚠ High Transmit Perc High Transmit Percent Utilization	⊗ GigabitEthernet6/0/42 · Labor Time Entry on DEN-3750-Sv	127d 13h 49m
⚠ Node is in a Warnir Node DEN-3750-SwitchStack is Warning.	⚠ DEN-3750-SwitchStack	424d 11h 40m

정렬 기능을 사용

경보를 정렬해서 표시하기

현장속으로 **정렬 기능을 잘 활용하자**

알람 표시는 보통 시간순으로 표시되기 때문에 다양한 기기와 알람이 한 번에 표시되는데, 어느 한 기기의 호스트명으로 정렬한다면 해당 기기의 과거 상태를 보고 경향을 분석하는 데 활용할 수 있습니다.

✓ **실무포인트**

네트워크 감시 장치의 비감시 설정

지금까지 네트워크 감시 장치의 주요 기능을 설명했습니다. 네트워크를 운용 중이라면 미리 알고 있는 계획된 작업도 당연히 있습니다. 예를 들면 네트워크 기기의 설정 변경 작업입니다. 그때는 네트워크 감시 장치에서도 화면의 색이 변하거나 경보가 나타나므로 운용하는 쪽에서는 곤란해집니다.

계획된 작업이나 정기적인 유지 보수 등 그 시간에 맞춰서 해당 네트워크의 감시를 제외하도록 네트워크 감시 장치에서 비감시 설정을 해야 합니다.

성능 관리

네트워크 감시 장치는 **MIB 감시로 트래픽 정보를 수집할 수** 있습니다. 네트워크 운용 관리자는 해당 정보를 기준으로 네트워크 트래픽의 경향을 분석해 성능 보고서를 제출할 수 있습니다.

구체적으로는 프로토콜별, IP 주소별, 서비스 포트별로 트래픽 정보를 수집 및 분석해 비정상적인 트래픽에 대한 출발지, 목적지 등을 특정합니다.

대표적인 기능으로 다음과 같은 것이 있습니다.

- 일, 주, 월, 년 단위로 보고서를 자동으로 작성
- 미리 지정한 임계치를 일정 횟수 초과하면 경보를 표시

어디에서, 어디로, 어떤 트래픽이 흐르고 있는지 수집한 트래픽 정보의 경향을 데이터가 많은 순으로 그래프화해 보여주는 기능도 있습니다. 이 정보를 기준으로 미래의 트래픽(데이터)을 예측해 회선의 증속이나 네트워크 전체의 증설을 꾀하는(용량 계획) 계획을 세웁니다.

특정 노드의 통신량1(일간 보고서)

보고 기간: 2022/04/01~2022/04/02
작성일

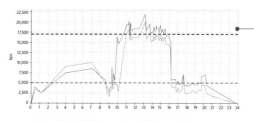

인바운드(들어오는 트래픽)와 아웃바운드(나가는 트래픽)의 하루 통신량을 그래프화한 예시. 임계치를 설정해 일정 횟수를 초과하면 경보를 표시하는 등의 운용이 가능해짐

- SE-NW01-SW01.In   - SE-NW01-SW01.Out
--- 임계치=17000.0000   --- 회복치=5000.0000

	최대치	최소치	평균치
SE-NW01-SW01.In	20095.0000	0.0000	9545.2486
발생 시간	2022/04/01 13:09:23	2022/04/01 00:00:00	-
SE-NW01-SW01.Out	21940.0000	0.0000	11467.9451
발생 시간	2022/04/01 13:09:23	2022/04/01 00:00:00	-

보고서의 예시
템플릿에 기기와 포트 번호를 설정하면 일, 주, 월, 년 단위로 보고서를 자동으로 작성할 수 있다.

3-3 일반적인 운용 감시

네트워크의 규모에 따라 운용 감시 방법은 달라진다

네트워크의 규모에 따라 네트워크의 운용 감시 **방법이 달라집니다**. 크게는 '중소규모 네트워크'와 '대규모 네트워크'로 나눌 수 있습니다. 이 책에서 말하는 중소규모 네트워크란 감시 대상인 기기가 20대 이하이며 대규모 네트워크는 21대 이상을 말합니다.

중소규모 네트워크에서의 운용 감시

일반적으로 중소규모 네트워크에서는 네트워크 감시 장치를 직접 도입하는 경우는 드뭅니다. 관리할 네트워크 기기의 대수도 적으며 비용 면에서 장점이 적기 때문입니다.

그럴 때는 네트워크 감시 장치를 직접 도입하지 않고 **운용 및 유지 보수 회사가 제공하고 있는 감시 서비스를 이용하거나 사용자의 신고를 접수하고 나서 운용 및 유지 보수 회사에 연락해 원격 접속으로 장애를 진단**합니다. 후자는 감시 센터를 통한 상시적인 감시가 아니므로 사용자로부터 신고를 접수하고 나서는 신속하게 원인을 특정해야 합니다.

대규모 네트워크에서는 네트워크 감시 장치를 도입한다

일반적으로 대규모 네트워크에서는 **네트워크 감시 장치를 도입해 감시**합니다. 관리할 네트워크 기기의 대수도 많으며 네트워크 장애가 고객의 사업에 지대한 영향을 주기 때문입니다.

비용은 들지만 장애 발생 시에 걸리는 대응 시간이나 사업 기회의 손실을 생각하면 도입은 피할 수 없습니다. 관리할 네트워크 기기가 몇 대 정도라면 장애 진단 작업에도 그렇게 시간은 걸리지 않겠으나 기기가 수십 대나 수백 대에 이르면 장애 지점의 판단에 많은 시간을 소모하기 때문입니다.

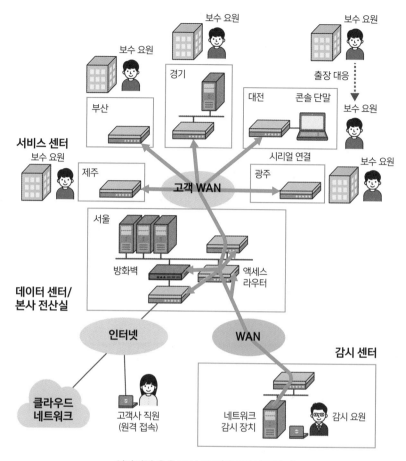

일반적인 운용 감시 방법(대규모 네트워크)

네트워크 감시 장치를 도입함으로써 **상시 운용 감시**를 할 수 있습니다. 고객의 네트워크를 상시적으로 운용 감시하면 장애 발생을 신속하게 탐지할 수 있습니다. 또한 장애가 발생하더라도 네트워크 감시 장치가 탐지한 정보를 기준으로 감시 요원이 곧바로 원인 분석을 진행할 수 있습니다. 또한 언제 장애가 발생했는지, 장애 발생 전후의 상황 등 관계 있는 정보를 시간 순으로 네트워크 감시 장치를 통해 추적할 수 있습니다.

네트워크 감시 장치의 구조

네트워크 감시 장치의 구조는 크게 두 가지로 나눌 수 있습니다. 감시 장치에서 ping(사활 감시)을 하거나 SNMP를 사용한 감시입니다.

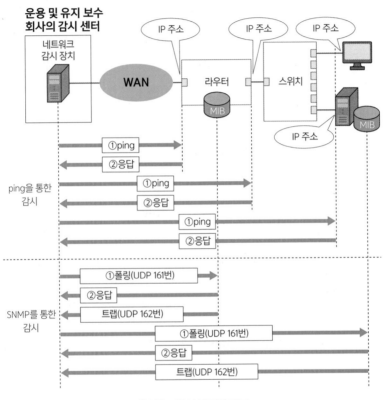

네트워크 감시 장치의 구조

ping을 사용한 감시

ping을 사용한 감시는 네트워크 감시 장치에서 감시 대상인 기기나 인터페이스에 ping을 보내, 응답이 돌아오는지 여부로 사활 상태(가동 여부)를 확인합니다.

ping을 정기적으로 보내서 기기에게 사활 상태를 질의하며 이를 **폴링**(polling)이라 합니다.

네트워크 감시 장치에서 폴링 주기를 설정합니다. 네트워크 회선의 대역폭이나 기기 대수에 따라 다르지만 5분 이내의 간격으로 하며, ping의 주고받기가 완료될 때까지의 허용 시간(타임 아웃)은 1초가 바람직합니다. 이 설정을 통해 지정한 IP 주소로 정기적인 ping을 자동으로 보낼 수 있습니다. 이 방법을 사용함으로써 여러 대의 감시 대상인 기기를 효율적으로 사활 감시할 수 있습니다.

SNMP를 사용한 감시

SNMP를 사용한 감시는 네트워크 감시 장치의 MIB 감시(폴링)와 감시 대상인 기기로부터 SNMP 트랩을 수집하는 감시가 있습니다.

SNMP를 통한 MIB 감시는 ping을 통한 감시보다도 더 자세한 상태를 알 수 있습니다. 예를 들어 기기나 인터페이스의 송수신 패킷 수나 CPU, 메모리 사용률 등 기기의 리소스도 알 수 있습니다.

▶▶ SNMP를 사용한 감시는 3-5절에서 자세히 설명합니다.

네트워크 규모에 따른 일반적인 감시 방법의 정리

규모	감시 방법	프로토콜	감시 내용
중·소	감시 장치로 ping을 사용해 감시	ICMP	기기나 인터페이스의 사활 상태를 확인
중·대	감시 장치로 MIB 감시(폴링)를 사용해 감시	SNMP	기기나 인터페이스의 성능을 측정한다. 송수신 패킷 수나 CPU 부하 등을 예로 들 수 있으며, 메모리 등의 기기 리소스도 확인할 수 있다.
중·대	감시 대상인 기기로부터 SNMP 트랩을 수집해 감시	SNMP	돌발적인 기기나 인터페이스의 상태 변화를 감시 장치로 실시간으로 통보한다.

3-4 네트워크 감시 장치의 도입 방식

네트워크 감시 장치의 도입 방법에는 크게 개별 감시와 공용 감시 두 가지가 있습니다.

개별 감시와 공용 감시의 비교표

	개별 감시	공용 감시
감시 장치의 자산	고객 또는 임대 회사	운용 및 유지 보수 회사(다른 고객과 공용)
감시 장치의 설치 장소	고객의 전산실 또는 운용 및 유지 보수 회사의 데이터 센터	운용 및 유지 보수 회사의 데이터 센터
감시 장치의 지정	가능	불가능
서비스	자유롭게 조정 가능	서비스 옵션에서 선택
비용	고가	저가

개별 감시

개별 감시는 감시할 서비스 내용이나 연결 방법을 고객의 희망에 따라 유연하게 대응할 수 있다는 장점이 있습니다.

네트워크 감시 장치는 고객의 자산(임대하는 경우도 있음)이므로 고객이 희망하는 기종, 구성을 고를 수 있습니다. 고객 시스템 전용인 네트워크 감시 장치이므로 커스터마이즈도 자유롭게 할 수 있습니다.

한편 운용 및 유지 보수 회사의 관점에서는 대상이 될 고객이 늘어나면 그만큼 감시 센터 내의 네트워크 감시 장치가 늘어나게 됩니다. 고객이 100명 늘어나면 100대의 네트워크 감시 장치가 필요합니다.

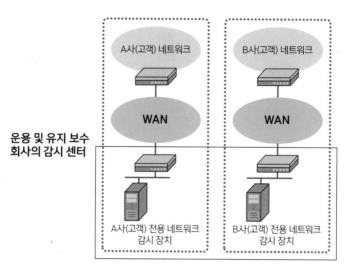

개별 감시

네트워크 감시 장치를 운용 및 유지 보수 회사에 설치하더라도 네트워크 주소는 고객의 주소 체계를 그대로 따라갑니다. 위의 그림과 같이 **고객 네트워크를 하나의 거점으로 해서 운용 및 유지 보수 회사를 추가**하는 개념입니다. 바꿔 말하면 운용 및 유지 보수 회사 내에 A사와 B사의 네트워크 감시 장치가 옆에 설치되어 있더라도 다른 회사인 이상 주소 할당은 독립적입니다.

네트워크 감시 장치의 설치 장소를 물리적, 논리적인 관점에서 생각하면 아래와 같이 말할 수 있습니다.

네트워크 감시 장치의 위치는?

- 물리적인 장소는 고객의 건물과 별도로, 바꿔 말하면 운용 및 유지 보수 회사 내에 설치되어 있다.
- 논리적인 장소(주소 체계)는 고객과 같다. 바꿔 말하면 고객 네트워크가 하나의 거점이다.

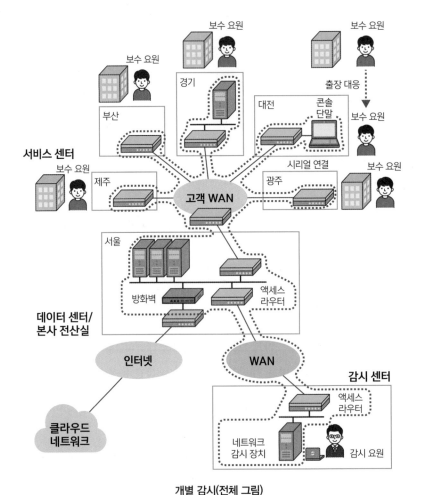

보수 요원

보수 요원

보수 요원

경기

부산

대전

콘솔
단말

출장 대응

보수 요원

서비스 센터

보수 요원

제주

시리얼 연결

보수 요원

광주

고객 WAN

서울

**데이터 센터/
본사 전산실**

방화벽

액세스
라우터

인터넷

WAN

감시 센터

**클라우드
네트워크**

액세스
라우터

네트워크
감시 장치

감시 요원

개별 감시(전체 그림)
점선으로 둘러싼 범위가 고객 네트워크의 주소를 사용하고 있다.

공용 감시

공용 감시는 운용 및 유지 보수 회사가 마련한 감시 서비스 옵션 중에서 고객이 희망하는 서비스를 선택합니다. 개별 감시와는 달리 선택지가 한정됩니다. 그러나 고객이 자산을 구매할 필요가 없기에 초기 비용을 줄여 서비스를 이용할 수 있다는 장점이 있습니다.

구체적인 서비스 예시

운용 및 유지 보수 회사(서비스를 제공하는 쪽)는 감시 센터에 설치된 감시 장치로 고객 네트워크를 상시적으로 감시합니다(다음 그림의 ①). 감시 결과는 회사마다 다른 운용 및 유지 보수 회사의 데이터베이스에 축적됩니다.

고객은 자사의 네트워크 상태를 언제든 열람할 수 있습니다. 예를 들어 A사의 고객은 직접 네트워크를 통해 운용 및 유지 보수 회사의 감시 센터 내에 있는 공개 서버에 로그인해 A사의 네트워크 상태를 확인할 수 있습니다(다음 그림의 ②).

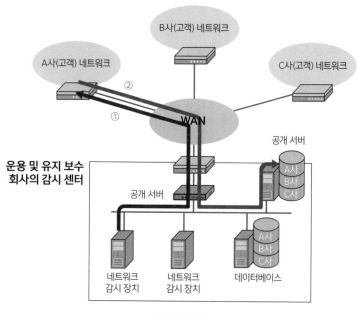

공용 감시

이 구조를 이용함으로써 고객은 자신의 네트워크에 이상이 발생하면 계약된 운용 및 유지 보수 회사로부터 장애 통보를 받을 수 있으며, 직접 상태를 확인하고 싶을 때는 언제라도 네트워크 상태를 확인할 수 있습니다. 이 방법으로 네트워크 감시 장치를 서비스로서 이용할 수 있게 되는 것입니다.

3-5 SNMP를 사용한 운용 감시

SNMP란?

SNMP(Simple Network Management Protocol)는 SNMP 서버로 네트워크 기기를 감시 및 제어할 때 사용하는 프로토콜입니다. 즉, 네트워크를 관리하기 위한 전용 프로토콜이라 생각하면 됩니다.

SNMP로 할 수 있는 것은 다음과 같습니다.

- 기기의 가동 상태를 일괄적 및 정기적으로 감시한다.
- 장애 발생 시 감시 장치에 즉시 해당 상태를 통보한다.

예를 들면 CPU 사용률이 비정상적으로 높은 기기의 상태도 네트워크 감시 장치로 알 수 있습니다. 이를 통해 네트워크 장애의 조짐을 사전에 탐지할 수 있습니다.

SNMP를 사용하기 위한 조건

SNMP는 편리하지만 모든 네트워크 기기나 서버에서 사용할 수 있는 것은 아닙니다. SNMP를 사용하기 위한 전제 조건은 다음과 같습니다.

- IP 네트워크 환경이 있다.
- 관리용 서버가 있다(SNMP 서버).
- SNMP 프로토콜을 지원하는 기기다.

처음 두 가지 조건은 당연하므로 설명을 생략하지만, 애당초 SNMP 프로토콜을 사용해 주고받기가 가능한 것은 SNMP를 지원하는 기기에 한정됩니다.

SNMP의 구성 요소

SNMP는 크게 네 가지 구성 요소를 조합함으로써 성립합니다.

- 매니저(SNMP 서버)
- 에이전트
- SNMP 프로토콜
- MIB

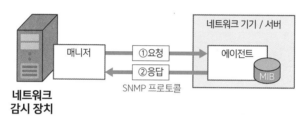

SNMP의 구성 요소

SNMP는 매니저, 에이전트, SNMP 프로토콜, MIB의 네 가지 요소를 조합함으로써 성립한다.

매니저

매니저는 네트워크 감시 장치(서버)에 설치해서 사용하는 소프트웨어입니다. 매니저가 설치된 서버를 'SNMP 매니저' 또는 'SNMP 서버'라 합니다.

SNMP 매니저는 SNMP 프로토콜을 사용해 네트워크의 운용이나 관리에 필요한 정보를 수집하며, 수집한 정보를 운용 관리자가 보기 쉽도록 처리합니다.

에이전트

에이전트는 네트워크 기기나 서버가 가진 기기의 상태 정보를 통보하는 기능입니다. 상태 정보를 보유한 기기를 이 책에서는 'SNMP 지원 기기'라 정의합니다.

에이전트 기능을 활성화하기 위해서는 네트워크 기기에 SNMP 설정을 해야 합니다. SNMP 트랩 통보처(SNMP 매니저의 IP 주소)나 SNMP 커뮤니티를 설정합니다. SNMP 커뮤니티란 SNMP로 관리할 범위를 말합니다. SNMP 매니저와 SNMP 에이전트끼리는 같은 커뮤니티 이름을 설정합니다.

▶▶ 커뮤니티 이름은 83쪽에서 설명합니다.

> **현장속으로** SNMP 통신에도 접근 제어를
>
> 의외로 SNMP 통신의 보안 대책이 잘 이루어지지 않고 있습니다. 고객의 업무와 관련된 통신은 아니지만 악의를 가진 누군가가 설치한 SNMP 매니저로 인해 정보가 유출되는 일은 피해야 합니다.
>
> 커뮤니티 이름(83쪽)의 설정만이 아닌 접근 제어도 필요합니다. SNMP 매니저의 IP 주소를 지정해 불필요한 접근을 제한합시다.

SNMP 프로토콜

SNMP 프로토콜은 TCP/IP의 애플리케이션 계층 프로토콜 중 하나입니다. 프로토콜을 UDP 패킷에 실어서 주고받으며 포트 번호는 161번과 162번을 사용합니다.

1988년에 개발된 SNMP 프로토콜은 RFC 1157로 규정되었습니다.

MIB

MIB(Management Information Base)란 SNMP로 관리되는 네트워크 기기나 서버가 자신의 상태를 외부에 알리기 위해서 공개하는 관리 정보를 말합니다. 공개하는 관리 정보에는 장치명, 인터페이스의 상태, 트래픽 등의 상세 정보가 포함됩니다.

MIB에는 RFC 1156으로 규정된 MIB1과 RFC 1213으로 규정된 MIB2가 있으며 현재는 MIB2를 많이 사용합니다. MIB를 지원하는 기기에 일반적으로 포함된 표준 MIB와 기기 제조사마다 사양이 다른 사설(Private) MIB가 있습니다.

MIB의 구조는 다음 그림처럼 트리 구조이며 트리 구조의 마디(노드)는 번호를 붙여서 나타낸다는 규칙이 있습니다. 이 번호열을 오브젝트 ID라 합니다.

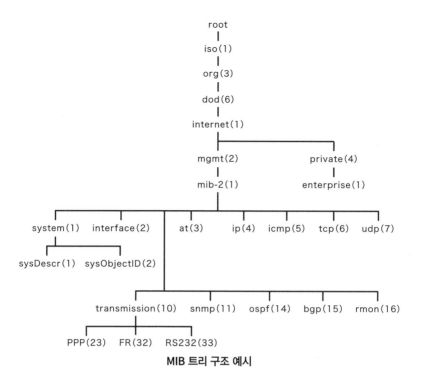

MIB 트리 구조 예시

오브젝트 ID는 root보다 하위 오브젝트의 그룹 번호를 점으로 구분해 표현합니다. 예를 들어 interface라는 MIB를 오브젝트 ID로 나타내면 1.3.6.1.2.1.2가 됩니다. 위의 그림으로 확인하기 바랍니다.

현장속으로 　사설 MIB에는 주의가 필요

사설 MIB에는 주의가 필요합니다. 왜냐하면 네트워크 기기 제조사가 MIB의 사양을 변경할 수 있기 때문입니다. 실제로 네트워크 기기의 문제로 인해 펌웨어를 업그레이드하니 어느새 MIB의 위치가 변경되어 지금까지 네트워크 감시 장치로 수집 가능했던 정보를 얻어올 수 없게 되는 일도 있습니다.

매니저와 에이전트의 역할

SNMP를 통한 네트워크 관리는 관리 대상인 네트워크 기기의 에이전트와 관리하는 입장인 SNMP 서버(매니저)와의 통신으로 이루어집니다.

서로의 역할과 주요 통신의 내용은 크게 아래 세 가지입니다.

- 정보의 요청과 응답
- 설정의 요청와 응답
- 상태 변화의 통보

정보의 요청과 응답

매니저가 에이전트에게 대상 기기의 정보를 요청합니다. 에이전트는 정보를 매니저에게 응답합니다.

네트워크 감시 장치가 라우터나 스위치가 가진 인터페이스의 설정 및 통계 정보를 추출한다고 보면 됩니다.

설정의 요청과 응답

매니저가 에이전트에게 대상 기기의 설정 변경을 요청합니다. 에이전트는 설정을 변경하며 그 결과를 매니저에게 응답합니다.

네트워크 감시 장치로 라우터나 스위치가 가진 인터페이스의 설정을 변경하는 작업이라 보면 됩니다.

상태 변화의 통보

에이전트가 매니저에게 대상 기기의 상태 변화를 통보합니다.

라우터나 스위치의 인터페이스가 장애 등으로 인해 다운됐을 때 네트워크 감시 장치로 장애 경보를 통보한다고 보면 됩니다.

또한 매니저와 에이전트 사이에서 정보를 주고받는 방법에는 폴링과 트랩의 두 종류가 있습니다. 각 방법을 자세히 알아봅시다.

폴링

폴링이란 매니저가 정기적으로 에이전트로부터 관리 정보를 추출하는 것을 말합니다.

구체적으로는 매니저인 SNMP 서버가 에이전트인 네트워크 기기(라우터나 스위치)나 서버에게 정기적으로 가동 상태의 정보를 요청하며, 에이전트인 네트워크 기기나 서버는 매니저가 요청한 관리 정보를 응답하는 구조입니다. 포트 번호는 UDP 161번을 사용합니다.

L2 스위치의 포트 상태 감시

네트워크 감시 장치는 포트 단위로 IP 주소를 갖지 않는 L2 스위치의 포트 상태를 감시하기 위해서 폴링을 통해 MIB 정보를 추출합니다(**MIB 감시**).

구체적으로는 매니저인 SNMP 서버가 에이전트인 L2 스위치에 포트 상태를 요청합니다. SNMP 프로토콜을 지원하는 L2 스위치는 MIB 안에 포함된 인터페이스 상태, 즉 포트 상태 정보를 SNMP 서버인 매니저에게 응답합니다. 예를 들어 다음 그림처럼 서버가 연결된 포트가 다운됐다면 L2 스위치는 SNMP 서버에 응답할 때 포트 다운 정보를 반환합니다. SNMP 서버는 이 정보를 기준으로 장애를 탐지합니다.

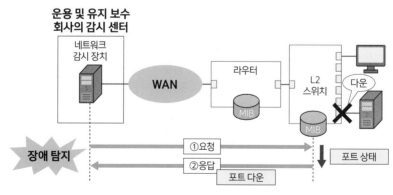

L2 스위치의 포트 상태를 감시

장애는 네트워크 감시 장치에서 통보하는 것만으로는 부족합니다. 네트워크 감시 요원이 일일이 네트워크 감시 장치를 통해 알아차리는 경우라면 장애 탐지의 손실이 발생합니다. 경광등에도 신호를 보냄으로써 경보와 색을 통해 시각적으로 네트워크 감시 요원이 장애를 바로 알아차리는 구조가 필요합니다.

장치 환경의 감시

폴링을 통한 MIB 감시로는 **IP 주소를 갖지 않는 전원이나 CPU 상태** 등도 감시할 수 있습니다. 이는 L2 스위치만이 아닌 네트워크 기기 전반이나 서버도 마찬가지입니다.

SNMP의 폴링을 통해 이중화된 전원, 팬, 장치 온도 등의 정보를 MIB로부터 추출합니다. 이를 통해 한쪽의 전원이나 팬이 고장 나면 즉시 SNMP 서버로 장애를 탐지할 수 있으며, 네트워크 다운을 미연에 방지할 수 있습니다.

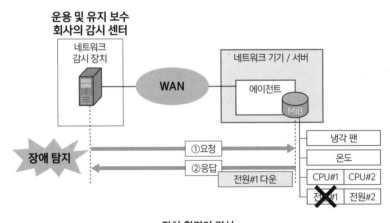

장치 환경의 감시

예를 들어 그림처럼 전원#1이 다운되면 해당 기록이 MIB에 정보로 저장됩니다. 네트워크 감시 장치는 일정 간격으로 SNMP 에이전트에 대해 폴링을 실시하므로 MIB 정보를 보게 됩니다. 즉, 응답 메시지에 '전원#1이 다운'이라는 정보를 실어서 SNMP 매니저에게 전달합니다. 이를 통해 감시 장치는 전원#1의 장애를 탐지할 수 있습니다.

폴링의 함정- 모든 감시가 불가능해지다

지금까지 설명했듯 폴링을 통한 MIB 감시로 수많은 네트워크 기기나 서버를 효율적으로 관리할 수 있지만 함정 또한 존재합니다. 예를 들면 다음 그림처럼 감시 센터에서 고객의 WAN을 경유해 각 거점의 네트워크 기기에 폴링을 하는 경우입니다. **데이터 센터와 감시 센터 사이의 네트워크에 장애가 발생하면 고객 네트워크에 폴링을 할 수 없습니다.**

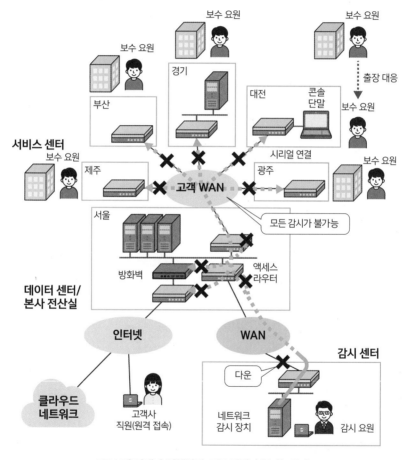

WAN에 장애가 발생하면 모든 감시가 불가능하다

데이터 센터의 액세스 라우터가 다운되거나 액세스 라우터 간을 잇는 네트워크에 장애가 발생했을 때, WAN을 경유한 폴링으로는 고객 네트워크를 감시할 수 없습니다. SNMP

서버(네트워크 감시 장치)의 입장에서는 모든 네트워크가 다운된 것처럼 보이기 때문입니다. 감시를 할 수 없기 때문에 이런 일이 발생했을 때는 현장에 보수 요원을 보내 현장 상황을 확인할 수밖에 없습니다.

모든 감시가 불가능해지는 사태를 피하기 위해서는

앞의 내용과 같은 사태를 피하기 위해서는 **WAN 회선을 이중화**해야 합니다. 이를 통해 원래 사용 중이던 회선이 다운되더라도 다음 그림처럼 우회로를 사용해 네트워크 감시를 계속할 수 있습니다.

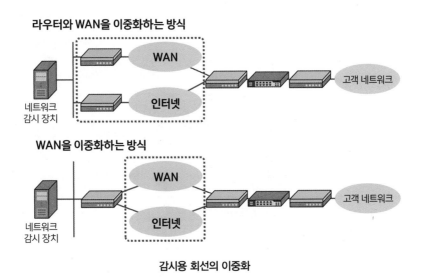

감시용 회선의 이중화

그러나 딱 잘라 생각하면 고객(서비스를 이용하는 쪽)의 입장에서는 통신에 영향이 없는데 감시하는 입장의 사람에게 안 좋은 상황이 발생했을 뿐이라고도 할 수 있습니다.

감시용 회선도 이중화를 해야 하는지 아니면 그 비용을 사용자의 데이터를 전송하는 실제 네트워크에 투자해야 하는지는 네트워크 관리자와 해당 회사의 정책에 따라 판단하게 됩니다.

감시용 WAN 회선

어지간히 중요한 기기의 감시가 아닌 이상, 감시용 WAN 회선은 인터넷 회선(인터넷 VPN)이나 저속인 전용선 등 비교적 저렴한 회선을 사용합니다. 또는 백업용 회선을 평상시에 감시용 회선으로 사용하는 방법도 있습니다.

트랩

트랩(Trap)은 라우터나 스위치가 자신의 상태에 어떤 변화가 일어났을 때(장애 발생 등), **에이전트인 라우터나 스위치가 자발적으로 매니저인 SNMP 서버에게 정보를 통보**하는 방법입니다. 포트는 UDP 162번을 사용합니다. 트랩은 포트 다운이나 장치의 온도 상승 탐지 등에 이용됩니다.

폴링은 매니저로부터의 명령이지만 트랩은 에이전트로부터의 자발적인 통보라는 점이 특징입니다. SNMP 서버는 트랩을 수신함으로써 장애를 탐지할 수 있습니다.

SNMP 서버는 매니저인 서버 자신이 정기적으로 보내는 폴링을 통한 MIB 감시와 에이전트로부터 돌발적으로 발생되는 트랩 감시를 병행해 네트워크 감시를 하고 있습니다.

예를 들면 다음 그림처럼 라우터의 이더넷 포트가 다운되면 라우터는 '이더넷 포트의 다운'이라는 정보를 트랩 통보로서 SNMP 서버로 보냅니다. 마찬가지로 L2 스위치의 1번 포트가 다운되면 트랩 메시지를 통해 SNMP 서버로 정보를 보냅니다.

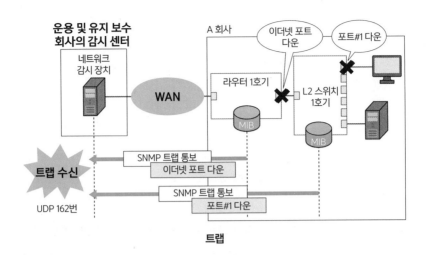

SNMP 서버는 그 트랩들을 수신해서 장애를 탐지합니다. 이때 SNMP 서버로 'A 회사 라우터 1호기의 이더넷 포트가 다운', 'A 회사 L2 스위치 1호기의 포트#1 다운'이라는 장애를 탐지하게 됩니다.

트랩의 함정- 트랩 통보가 전달되지 않는다

트랩에도 함정이 있습니다. 폴링과 마찬가지로 통보하는 경로가 다운됐을 때입니다. 그럴 때는 트랩 통보가 SNMP 서버로 전달되지 않습니다.

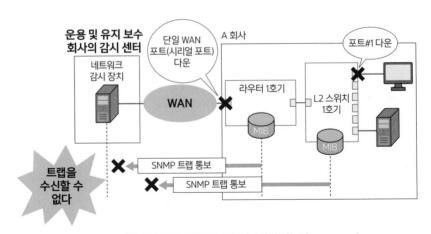

WAN 장애로 트랩 통보가 전달되지 않는다

만약 WAN 회선이 이중화된 상태라면 우회로를 통해서 'WAN 포트가 다운됐다'는 메시지를 SNMP 서버로 보낼 수 있습니다. 그러나 앞의 그림에서는 WAN 경로가 하나이므로 메시지를 전달하지 못하며 SNMP 서버의 입장에서는 단순히 '라우터가 다운됐다'고만 인식합니다. 즉, SNMP 서버는 라우터 자체가 다운되었는지 라우터의 WAN 포트에 장애가 발생했는지까지는 판단할 수 없습니다.

커뮤니티 이름이란?

SNMP 프로토콜로 매니저가 에이전트와 통신할 때는 **커뮤니티 이름**을 설정해야 합니다. 커뮤니티 이름은 관리 대상인 기기를 그룹화하기 위해 사용하며 **매니저와 에이전트가 같은 커뮤니티 이름일 때만 통신을 주고받습니다.**

매니저와 에이전트는 커뮤니티 이름이 일치하지 않으면 통신할 수 없습니다. 때문에 커뮤니티 이름에 사용되는 설정값은 어떻게 보면 패스워드의 역할을 지닙니다. 그러나 낡은 SNMP(SNMPv1)에서는 패킷이 암호화되지 않아 커뮤니티 이름이 평문으로 네트워크에 흐릅니다.

그동안 과제였던 보안 면이 개선되면서 2002년에 SNMPv3가 정식으로 인터넷 표준 관리 사양이 되었고 암호화도 구현되어 현재는 자주 사용하고 있습니다.

또한 에이전트는 여러 매니저와 통신할 수 있습니다. 그럴 때는 에이전트에 여러 커뮤니티 이름을 설정합니다.

SNMP의 필요성

오늘날의 네트워크 환경에서 SNMP와 같은 구조를 사용하지 않고는 네트워크 전체를 관리하기는 어렵습니다. 그 이유는 아래와 같은 배경이 있기 때문입니다.

- 모든 것이 네트워크에 연결되는 시대
- 여러 제조사의 제품이 조합되어 운용되고 있다.

- 네트워크 기기가 기능 단위로 광범위하게 분산되어 있다.
- 네트워크 구성이 복잡화되어 장애 발생 시의 진단도 복잡해졌다.

모든 것이 네트워크에 연결되는 시대

현재는 다양한 네트워크 기기나 서버가 네트워크에 연결되는 시대입니다. 관리할 기기가 많아져 네트워크 관리자에게는 중요한 과제가 되었습니다.

여러 제조사의 제품이 조합되어 운용되고 있다

네트워크 전체를 같은 제조사의 제품으로 통일하는 경우는 꽤 줄었습니다. 통신 요건을 만족한다면 제조사를 가리지 않고 필요한 기능을 조합해 네트워크를 만듭니다.

네트워크 기기가 기능 단위로 광범위하게 분산되어 있다

현재는 기업 등의 조직에서 네트워크 인프라가 구축되어 있으며 애플리케이션 부분에 주목이 쏠리고 있는데, 화상 회의나 영상 전송 등 다양한 애플리케이션이 늘어났기 때문입니다.

네트워크 관리자는 당연히 사용 중인 네트워크에 영향이 최대한 없도록 네트워크 전체의 기능 향상을 생각할 것입니다. 그렇기에 덧붙여 나가듯이 지속적으로 어플라이언스 (appliance) 제품이 도입되는 것이 현재 실정입니다.

예를 들면 방화벽이나 침입 탐지, 부하분산 장치 등입니다. 그 밖에도 많은 제품이 출시되었습니다. 기존의 라우터나 스위치 외에 더 상위 레이어의 장치까지 관리하는 일은 관리자에게 큰 골칫거리입니다.

네트워크 구성이 복잡화되어 장애 발생 시의 진단도 복잡해졌다

장애 대책을 위한 이중화 구성이나 기능 강화를 위한 제품의 추가 등 네트워크 구성도 다양화되었습니다. 그에 따라 장애가 발생했을 때의 진단 작업도 복잡해졌습니다.

그럴 때 네트워크 기기가 SNMP를 지원한다면 진단 시 단서가 될 정보를 네트워크 감시 장치로 모아서 쉽게 장애 대응을 할 수 있습니다. 또한 CPU 사용률이나 인터페이스의 고부하 경향 등 장애의 조짐이 될 현상도 사전에 파악할 수 있습니다.

이러한 고민들을 해결하기 위해서는 업계 표준인 SNMP가 적절하다고 할 수 있습니다. 네트워크에 도입된 제품이 달라도 SNMP를 지원하기만 하면 같은 구조로 관리할 수 있기 때문입니다.

✅ **실무포인트**

SNMP에 UDP가 이용되는 이유

SNMP는 전송 계층 프로토콜로 UDP를 이용하는데, 네트워크의 폭주를 회피하기 위해서입니다. 간단히 말하면 네트워크의 실제 데이터에 쓸데없는 부하를 주지 않기 위함입니다.

SNMP를 사용하는 목적은 감시를 위한 데이터를 주고받는 것에 있으며, 실제 고객이 이용하는 데이터를 주고받는 것이 아닙니다. 원래의 목적을 생각하면 사용자가 이용하는 데이터에 영향을 주어서는 안 됩니다.

만약 TCP를 이용한다면 어떻게 될까요? TCP는 패킷이 상대방에게 잘 도착했는지 확인해야 합니다(패킷의 도달 확인). 그만큼 주고받는 패킷이 늘어납니다. 즉, 네트워크에 쓸데없는 부하를 주게 됩니다. UDP는 패킷이 도달했는지 확인하지 않습니다. 그렇기에 SNMP에는 UDP가 적절하다고 할 수 있습니다.

✅ **실무포인트**

SNMP 감시의 함정

SNMP 감시의 목적은 장애를 조기에 탐지해 조기에 복구하는 것입니다. 이를 위한 대전제로 네트워크 감시 화면을 '사람'의 눈으로 쉽게 확인할 수 있어야 합니다.

자주 있는 함정으로는 네트워크 감시 장치를 도입했지만 화면의 메시지를 알기 어렵고 무엇을 보면 되는지 모르는 등의 사례가 있습니다.

특히 대규모 네트워크이기에 감시 대상이 많다면 다음 사항들을 고려해야 합니다.

1) 트랩을 출력할 네트워크 기기의 조정

사용자가 이용할 PC나 책상 근처에 있는 허브는 좌석의 유동성이 높아 비용 대비 효과를 생각하면 트랩 출력은 불필요합니다. 액세스 스위치, 분배 스위치, 코어 스위치, 라우터, 방화벽 등 네트워크의 기반이 될 기기를 대상으로 합니다.

2) 출력되는 트랩 레벨의 조정

네트워크 기기가 다운, 업되는 메시지의 출력은 필수적입니다. 또한 장치의 디버그 메시지 출력이 중지되거나 대량의 트래픽 메시지가 출력되는 경우에도 중요한 메시지를 놓치지 않도록 합니다.

3) 출력되는 트랩 표기를 커스터마이징

모처럼 화면에 출력된 트랩 메시지를 이해하지 못한다면 의미가 없습니다. 현장마다 알기 쉬운 공통의 언어로 커스터마이징을 해야 합니다. 현장 특유의 언어가 있는 경우라면 주의가 필요합니다. 구체적으로는 아래와 같은 점을 주의합니다.

- 노드 장애

  호스트명은 현장의 명명 규칙대로 되어 있는가?

- 인터페이스 장애

  스위치의 포트 번호와 일치하는가?

- 중요도를 시각적으로 표현

  정상: 녹색, 경계: 노랑, 중요 장애: 빨강

4) 네트워크 감시 장치의 이중화

애당초 네트워크 감시 장치가 다운되어 감시를 할 수 없는 상태라면 의미가 없습니다. '네트워크 감시 장치가 다운됐더라도 네트워크에 영향이 있는 것은 아니다'라는 생각은 낡은 것이 되었습니다. 오늘날에는 장애를 어떻게 미연에 방지할지 생각해야 합니다.

3-6 NetFlow를 사용한 트래픽 분석

NetFlow는 시스코 시스템즈가 개발한 네트워크 트래픽의 정보를 가시화해서 분석하기 위한 기술입니다. 라우터나 스위치 등의 네트워크 기기에 포함되어 있으며 플로 콜렉터(아래 그림 참고)와 연동해 트래픽의 출발지, 목적지, 프로토콜, 애플리케이션 등을 가시화할 수 있습니다.

장애를 미연에 방지하기 위해 앞으로 점점 기대되는 기술 중 하나입니다.

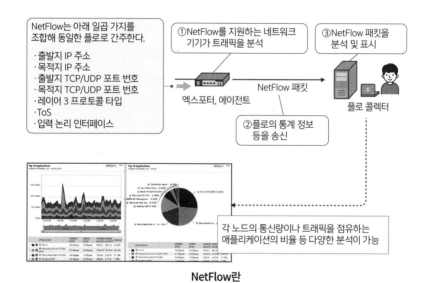

NetFlow란

플로란

플로란 네트워크에 흐르는 공통된 속성을 가진 패킷의 집합입니다.

예를 들면 출발지 IP 주소와 목적지 IP 주소, 출발지 포트 번호와 목적지 포트 번호 등의 속성이 같다면 그 패킷은 동일한 플로라 간주합니다.

예로, 어떤 사용자가 사내 포털 사이트에 접속했을 때 그 처리는 1플로로 간주합니다. 왜냐하면 패킷 단위로 보면 공통의 속성을 가진 여러 패킷의 집합이기 때문입니다.

패킷 캡처와의 차이

네트워크 장애를 분석하는 방법으로 **패킷 캡처**가 있습니다. 패킷 캡처를 통한 분석은 네트워크에 흐르는 패킷의 헤더 정보만이 아닌 페이로드(실제 데이터)까지 캡처해서 분석합니다. 이 데이터를 상시적으로 축적해두면 트래픽을 실시간으로 감시하고 분석하기에 적합하다고 생각하는 사람도 있겠지요.

패킷 캡처를 통한 분석이라면 네트워크에 흐르는 패킷의 내용을 모두 파악할 수 있기에 상세한 분석이 가능합니다. 그러나 데이터의 양이 너무나도 방대해지기 때문에 네트워크 트래픽을 실시간으로 분석하는 것은 비현실적입니다.

NetFlow도 모든 패킷을 대상으로 분석이 이루어지지만 NetFlow를 지원하는 네트워크 기기의 내부에서 처리된 플로 통계 정보를 분석하는 구조이므로 패킷 캡처와 비교하면 상당히 경량이며 대규모 및 대용량인 네트워크에도 대응할 수 있습니다.

현장속으로 SNMP와 NetFlow를 병행 이용

최근의 네트워크에는 트래픽에 영향을 미치는 영상 데이터 등 다양한 애플리케이션이 흐르고 있습니다. 그에 따라 기존처럼 인터페이스 단위의 트래픽 총량만이 아닌 사용자나 애플리케이션 단위의 트래픽을 플로 단위로 자세히 감시하고 분석할 필요가 생겼습니다.

그래서 트래픽 분석에는 NetFlow용 어플라이언스 제품을 사용하며, 네트워크 장애를 탐지하거나 CPU, 메모리의 성능 관리에는 네트워크 감시 장치를 기존처럼 이용하는 운용 방법도 늘어나고 있습니다.

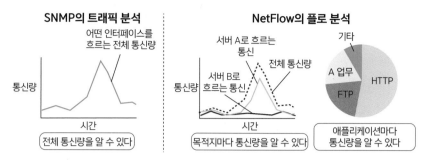

SNMP의 트래픽 분석과 NetFlow의 플로 분석

NetFlow의 활용 예시

NetFlow를 이용함으로써 기존보다 더 자세히 실시간으로 네트워크를 분석할 수 있습니다. 이를 통해 효율적인 네트워크의 문제 해결 및 장애의 미연 방지, 나아가서는 증설 계획을 검토하는 데 자료로 활용할 수 있습니다.

어떤 사례를 예로 들면 통신량이 증가한 인터페이스를 골라서 플로 정보를 확인하고 특정 IP 주소에 대한 http 통신이 증가했음을 밝혔습니다. 그리고 해당하는 IP 주소를 조사해 보니 윈도우 업데이트를 위한 통신임이 판명되었고 업데이트의 실행 시간을 변경해서 통신 부하를 해소했습니다.

이처럼 회선에 걸리는 부하의 요인을 분석하거나 인터넷의 이용 상황을 확인함으로써 장애 위치를 조기에 특정할 수 있게 됩니다.

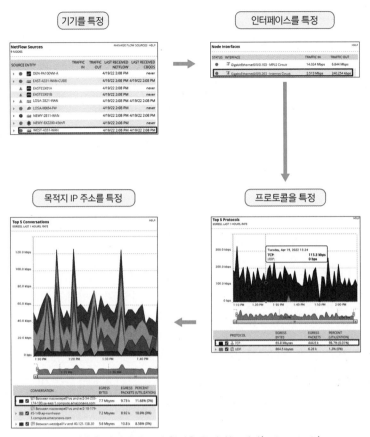

통신 내용을 가시화해 부하 원인을 특정하는 예시(SolarWinds)

현장속으로 수집한 트래픽 정보의 활용

트래픽 정보를 수집하는 목적은 네트워크 사용 상황의 실태 파악, 장애를 미연에 방지, 미래의 증설 계획 설립입니다.

실태를 파악하기 위해서는 트래픽의 가시화가 필수적입니다. 트래픽 정보는 자동으로 매일 수집되어 축적됩니다. 그러나 수집한 정보를 활용하기 위해서는 '사람'이 개입해야 하므로 많은 돈을 들여서 좋은 장치를 도입하기만 해서는 좋은 보고서가 만들어지지 않습니다. 이 부분만큼은 네트워크 운용 관리자에 따라 차이가 생깁니다.

트래픽 관리의 큰 흐름은 일반적으로 아래와 같으며 매월 보고해 이해관계자끼리 리뷰합니다.

1. 정보 수집: 장치가 자동 수집한 정보를 월 단위로 수집하고 가공합니다.

2. 추가 조사: 1항의 정보를 분석해 임계치를 초과하거나 전월과 과도한 차이가 있으면 추가로 조사합니다.

3. 보고서 작성: 1항, 2항의 결과를 토대로 월간 보고서를 작성합니다.

4. 시정 검토: 이해관계자끼리 리뷰해 개선 계획 등의 자료로 축적합니다.

위의 1항부터 4항까지를 매월 정기적으로 시행해 다음 해의 증설 계획이나 중장기 계획 검토의 자료로 사용합니다.

또한 **NetFlow의 통신 로그를 남김으로써 언제, 누가, 어디서, 무엇을 했는지 파악할 수 있습니다.** 특히 금융이나 증권 네트워크에서는 증적을 남기는 구조를 정비하는 것이 중요합니다. 만일 정보가 유출됐을 때는 통신 로그의 증적 확인에도 이용할 수 있습니다.

그 밖에도 플로 분석 기술을 활용함으로써 특정 목적지에 대한 대량의 접속 요청을 감시하는 것도 가능합니다. 이를 통해 DDoS(Distributed Denial of Service) 공격 등을 발견할 수 있습니다.

최근 현장에서는 네트워크에서 좋지 않은 행동을 보이는 사용자나, 기기 및 애플리케이션이 언제, 어디에 있는지를 빨리 특정하도록 요구합니다.

실무포인트

최대 버스트 트래픽양에 주목

다양한 트래픽 정보를 수집하면서 가장 조심해야 할 것은 WAN 회선의 최대 버스트 트래픽입니다.

물론 WAN 회선의 사용량이나 평균 트래픽양도 필요합니다. 그러나 일시적으로 높아지는 트래픽이 무엇인지 파악하는 것이 특히 중요합니다. 일회성인지 지속적인지와 같은 정보는 장애를 미연에 방지하는 데 직결됩니다. 언제, 누가, 어디에서 어디로, 어떤 트래픽을 어느 정도의 양으로 흘려보냈는지, 어떤 목적인지 등 때로는 요건 정의서를 참고해 당초의 통신 요건과 차이가 없는지를 밝혀야 합니다.

위의 항목을 고려해보면 필요한 것은 트래픽 정보의 가시화와 정보 수집의 규칙 제정, 그리고 가장 중요한 정보를 분석하는 사람과 체계입니다. 이들을 통해 네트워크의 운용 감시가 성립하게 됩니다.

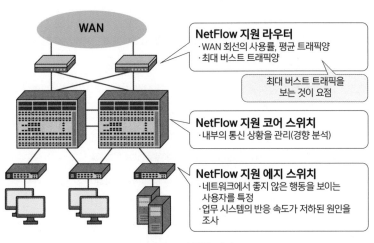

NetFlow 지원 라우터
· WAN 회선의 사용률, 평균 트래픽양
· 최대 버스트 트래픽양

최대 버스트 트래픽을
보는 것이 요점

NetFlow 지원 코어 스위치
· 내부의 통신 상황을 관리(경향 분석)

NetFlow 지원 에지 스위치
· 네트워크에서 좋지 않은 행동을 보이는
  사용자를 특정
· 업무 시스템의 반응 속도가 저하된 원인을
  조사

NetFlow의 활용 예시

4

유지 보수용
네트워크의 기본

이 장에서는 업무용 네트워크와 유지 보수용 네트워크의 위상을 알아봅니다. 네트워크 운용 및 유지 보수의 고도화를 의식한 유지 보수용 네트워크의 목적이나 중요성을 배워봅니다.

4-1 유지 보수용 네트워크의 개요

네트워크 운용 및 유지 보수 업무는 네트워크를 유지하기 위한 행동만 하는 것이 아닙니다. 물론 현재 네트워크를 안정적으로 가동하며 유지하는 것은 최소한의 역할입니다. 그러나 앞으로의 네트워크 운용 및 유지 보수는 운용 업무의 고도화를 의식해야 합니다. 즉, 네트워크 트래픽이 증가하고 보안의 확보가 필수 불가결한 지금의 상황에서는 **보다 견고한 네트워크 인프라의 정비**가 필요합니다.

또한 최근에는 네트워크 제품도 소프트웨어 라이선스의 관리가 중요시되고 있습니다. 예를 들어 시스코사의 네트워크 기기 중에는 Cisco Smart Software Manager(CSSM)와 연동해 소프트웨어 라이선스의 활성화가 필요한 것도 출시되었습니다. 즉, 클라우드에 있는 제조사의 서버와 통신이 발생합니다. 사용자의 업무용 통신을 지키면서 동시에 **업무용 통신을 지키는 네트워크 기기의 소프트웨어 자산 관리**도 해야 합니다.

앞으로의 네트워크 운용 및 유지 보수 업무는 업무에 사용할 네트워크의 보강이나 장애를 조기에 탐지하는 구조를 만드는 등의 관점만으로는 네트워크의 안정적인 가동을 유지하기 어렵습니다. 사용자가 다루는 업무용 통신과는 별도의 경로인 **유지 보수용 네트워크**를 도입해 '**업무에 영향을 주지 않도록 운용한다**'는 사고방식이 필요합니다.

업무용 네트워크와 유지 보수용 네트워크의 분리

업무용 네트워크와 유지 보수용 네트워크를 분리하지 않으면 업무용 네트워크에 장애가 발생했을 때 원격 접속 경로에도 영향을 미치기 때문에 원격으로 대응할 수 없습니다. 즉, 복구까지 장시간의 다운 타임이 발생할 위험이 있습니다. 또한 기기나 링크 장애에 기인해 네트워크 감시 장치의 감시 통로에도 영향이 미쳐, 장애 위치를 판단하는 데 시간이 필요해지는 경우도 생각해볼 수 있습니다.

업무용 네트워크

업무용 네트워크란 실제로 **사용자가 업무용으로 사용 중인 네트워크**를 말합니다. 인터넷 연결을 포함한 내외부의 네트워크와 연결하기 위한 네트워크입니다. 이 네트워크를 사용할 수 없으면 사용자의 사업에 영향이 발생합니다.

유지 보수용 네트워크

유지 보수용 네트워크란 운용 및 유지 보수 작업을 하기 위해서 사용하는 네트워크입니다. 구체적으로는 네트워크 감시 장치나 각 네트워크 기기로 원격 접속, 기기의 라이선스 인증(활성화) 등의 통신을 하기 위한 네트워크입니다. 업무용 네트워크에 영향을 주지 않으려고 따로 분리해서 구축합니다.

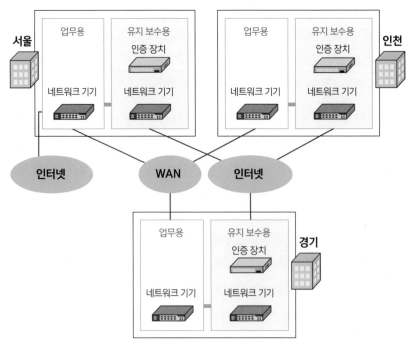

유지 보수용 네트워크를 도입한 전체 구성의 예시

4-2 유지 보수용 네트워크의 정비

유지 보수용 네트워크를 정비할 때는 유지 보수용 네트워크에 접속할 기기(앞으로 **접속 기기**라고 합니다)와 접속에 필요한 작업 내용을 정비해야 합니다.

우선 접속 기기의 대수를 가늠합니다. 이는 나중에 설명할 **유지 보수용 네트워크에 있는 스위치에 필요한 포트 수**가 됩니다.

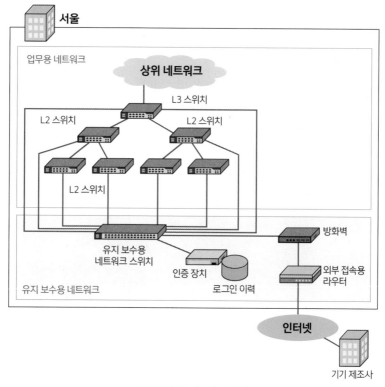

유지 보수용 네트워크 접속

유지 보수용 네트워크의 정비에 필요한 작업은 접속 기기에 설정을 추가하는 것과 유지 보수용 네트워크 기기를 케이블로 연결하는 것입니다.

유지 보수용 네트워크의 요건

접속 기기는 업무용 통신에서 사용할 포트와는 다른 포트를 사용해서 유지 보수용 네트워크로 접속합니다. 이를 통해 유지 보수용 네트워크가 업무용 네트워크에 주는 영향을 피하며 업무용 통신과 네트워크를 분리할 수 있습니다(다음 그림의 **1**).

한편 유지 보수용 네트워크에 있는 네트워크 기기(L2 스위치)로는 대상인 접속 기기를 모두 수용할 수 있으면서 미래의 확장성도 고려한 포트 수를 가진 스위치를 준비합니다(다음 그림의 **2**).

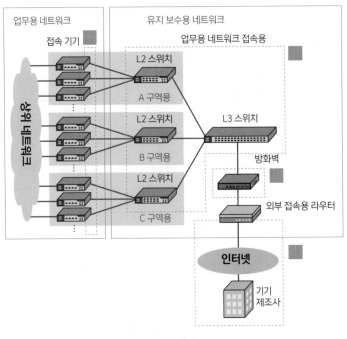

구성 예시

또한 데이터 센터 내에서 접속 기기와 유지 보수용 네트워크 스위치가 같은 랙에 없는 사례도 생각해볼 수 있습니다. 그럴 때는 각 구역에 한 대씩 유지 보수용 네트워크 스위치를 분산 설치해 케이블 포설의 간소화나 확장성을 고려하는 것이 중요합니다.

라이선스의 활성화는 인터넷 통신(이전 그림의 **4**)입니다. 불필요한 트래픽, 부정 침입을 방지하고자 외부 네트워크와의 경계점에 방화벽을 설치합니다(이전 그림의 **3**).

유지 보수용 통신의 경로를 변경하기

사용자가 다루는 업무용 통신에 주는 영향을 고려해서 네트워크 감시 장치에서 사용하는 유지 보수용 통신은 유지 보수용 네트워크를 경유하도록 합니다.

네트워크 감시 장치에서 사용하는 유지 보수용 통신에는 SNMP, NTP, Syslog 등이 있으며 이를 유지 보수용 네트워크를 경유하도록 이전합니다.

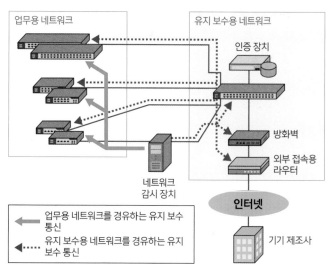

유지 보수용 통신은 유지 보수용 네트워크를 경유하도록 변경한다

그 밖에도 원격 접속, 인터넷을 경유한 라이선스 인증 등이 있으며 모두 유지 보수용 네트워크를 경유해 통신하는 것이 바람직합니다. 즉, 사용자의 사업 목적과 직접적인 관계가 없는 통신은 유지 보수용 네트워크를 경유하도록 합니다.

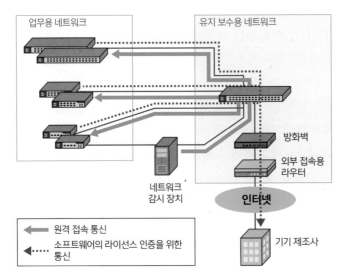

원격 접속 등도 유지 보수용 네트워크를 경유해 통신한다

4-3 원격 로그인의 고도화

원격 접속의 제한

네트워크 환경은 시간이 지남에 따라 유지 보수의 대상이나 방법이 변화해 네트워크의 확장과 더불어 다양한 문제가 생깁니다. 그래서 당시는 문제없던 설정이 지금 와서는 문제가 되는 사례가 있는데, 전형적인 예시가 원격 접속입니다.

이전 절에서 유지 보수용 네트워크를 경유해서 네트워크 감시 장치에 접속한다고 설명했는데 **접속만 생각할 것이 아닌 접속에 제한을 두는 것이 현장의 철칙입니다.** 이전에는 '특정 사람이 특정 단말에서만' 네트워크 감시 장치를 사용해 네트워크 기기로 접근한다고 생각했습니다. 그러나 오늘날의 네트워크는 광범위하게 퍼져 있기 때문에 필수적으로 접근에 제한을 둬야 합니다.

실제 현장에서도 네트워크 기기에 접근 제한을 두지 않아 불특정 다수의 단말이 원격 접속을 해버리는 문제가 자주 있습니다. 특히 접근 제한에 관한 정책이 없을 때 아무 설정을 하지 않고 그대로 서비스를 가동하는 사례가 많습니다.

네트워크를 운용하고 관리할 때는 **각 네트워크 기기에 접근 가능한 IP 주소를 제한하도록** 합니다. 구체적으로는 접근을 허가할 네트워크 감시 장치나 콘솔 단말의 IP 주소로 한정하는 것이 이상적입니다. 이렇게 하면 불특정한 단말의 접근을 막을 수 있습니다.

원격 접속에 사용하는 프로토콜의 관리

콘솔 단말(터미널 소프트웨어를 설치한 PC)에서 LAN이나 WAN을 경유해서 네트워크 기기에 접속해 조작 및 관리를 할 수 있습니다. 접속에 쓰이는 관리용 프로토콜은 Telnet이나 SSH가 있으며, 이는 현장에서 가장 많이 사용하는 프로토콜입니다.

Telnet이란

Telnet은 LAN이나 WAN, 인터넷 등의 IP 네트워크에서 네트워크에 연결된 서버나 네트워크 기기를 원격으로 조작하고 관리하기 위한 프로토콜입니다.

네트워크에 존재하는 콘솔 단말(Telnet 클라이언트가 될)에서 Telnet 서버 기능을 지원하는 장치로 Telnet을 통해 접속하면 그 장치가 마치 바로 앞에 있는 것처럼 조작할 수 있습니다.

Telnet을 사용하기 위한 조건

Telnet 접속을 하기 위해서는 콘솔 단말에서 **telnet 명령어**를 실행합니다. telnet 명령어는 Windows나 Linux 등에 표준 탑재되어 있으므로 콘솔 단말의 TCP/IP 설정만 하면 이용이 가능합니다. 즉, IP 네트워크에 연결된 PC라면 Telnet 접속을 할 수 있습니다.

telnet 명령어를 사용해서 자사 빌딩 내의 스위치나 라우터에 원격으로 로그인할 수 있습니다. 또한 WAN을 경유해 다른 빌딩에 있는 스위치나 라우터에도 로그인할 수 있어 작업 효율도 높아집니다.

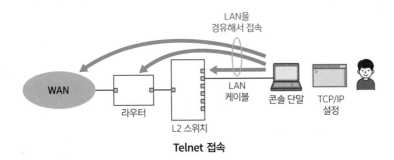

Telnet 접속

telnet 명령어의 실행 예시

PC(OS)의 telnet 명령어(왼쪽)와 네트워크 기기의 telnet 명령어(오른쪽)

현장에서의 주의점

현장에서 telnet 명령어를 통해 장치에 로그인할 때는 주의점이 있습니다. Telnet으로는 다음 그림처럼 어떤 장치에 로그인하고, 해당 장치에서 다시 telnet 명령어를 사용해 연달아 다른 장치에 로그인하는 것도 가능합니다. 그렇지만 이 행동은 절대로 해서는 안 됩니다.

이유는 만일 중간에 있는 회선에 장애가 발생했을 때도 Telnet의 경로를 유지하기 때문입니다. 네트워크 기기에 따라서는 Telnet의 로그인 수에 상한을 두는 것도 있습니다. 그렇기 때문에 Telnet의 경로가 유지되면 접속이 필요한 단말에서 Telnet으로 로그인을 할 수 없게 됩니다. 또한 네트워크 기기 입장에서는 불필요한 자원을 사용하고 있는 상황이므로 이런 행동은 피해야 합니다. 이는 SSH도 마찬가지입니다.

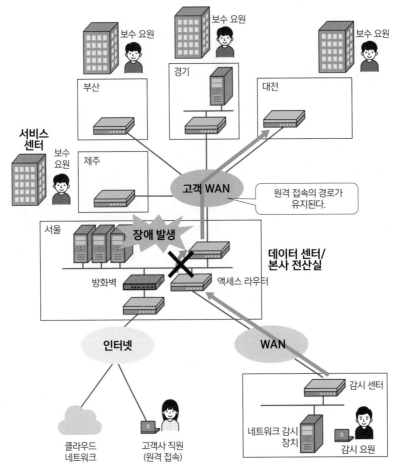

현장에서 Telnet/SSH에 접속할 때의 주의점

이처럼 장치에서 장치로 Telnet/SSH 경로를 연달아 만들었을 때 어느 곳에 장애가 발생해도
남아 있는 Telnet/SSH 경로는 유지된다.

그렇기에 그림과 같은 방법이 아닌, 접속할 IP 주소를 직접 지정해서 **telnet** 명령어를 실행
하도록 합니다.

프로토콜의 관리

현장에서 원격 접속에 사용하는 프로토콜로는 Telnet과 SSH가 정석으로, 이는 20년 이상
변하지 않았습니다. 다만 최근의 보안 대책이나 취약점 대응이 진행되면서 Telnet을 어떻

게 사용할지는 고민해봐야 합니다.

Telnet은 비밀번호를 평문으로 주고받습니다. 따라서 유지 보수를 하기 위해서 네트워크 기기에 접속하는 통신을 감청당할 위험이 있습니다. 구체적으로는 사용자명이나 비밀번호가 유출될 수 있습니다.

해결책으로 **네트워크 기기에 안전하게 원격 접속하기 위해서는 SSH를** 이용하도록 합니다.

현장속으로 네트워크 기기에서 제한하는 것도 필요하다.

실제로 현장에서 작업하는 모습을 보면 SSH를 쓸 수 있는데도 Telnet을 사용하는 네트워크 운용 관리자도 많이 있습니다. 차라리 네트워크 기기에서 SSH만을 사용하게끔 설정해 강제적으로 보안 규칙을 지킬 수 있게 하는 것이 좋겠습니다.

4-4 콘솔 서버를 사용한 접속

엔지니어가 현장에 간다는 것

시리얼 케이블을 사용해 접속을 할 때는 관리자가 네트워크 기기 앞에서 **콘솔 단말과 네트워크 기기를 직접 연결**해야 합니다. 관리 대상인 기기가 많으면 시리얼 접속을 할 때마다 케이블을 바꿔가며 연결해야 하므로 비효율적입니다.

그러면 시리얼 연결은 필요 없다고 생각할 수 있지만 그렇지는 않습니다. 일상적인 관리 업무를 네트워크를 경유해 원격으로 진행하더라도 콘솔 단말과 네트워크 기기를 연결하는 네트워크 자체가 다운되거나 네트워크 기기 자체가 다운되는 때도 있습니다. 그럴 때는 당연히 네트워크를 경유해서는 네트워크 기기로 접근할 수 없기 때문에 현장에서 관리자가 콘솔 단말과 네트워크 기기를 직접 연결해야 합니다.

애당초 기업용 네트워크 기기는 시리얼 포트를 사용해 초기 설정을 하는 것이 전제[1]입니다. 일반 소비자용 제품 중에는 네트워크를 경유해 설정할 수 있는 것도 있습니다. 그러나 네트워크 기기의 전원이 다운됐을 때의 복구 작업이나 기기의 상세 설정은 시리얼 포트로 하는 제품이 대부분입니다.

이런 이유에서 네트워크 기기의 관리에 시리얼 포트는 필수적이라 할 수 있습니다.

엔지니어가 현장에 갈 경우 단점

네트워크를 경유해 관리 대상인 네트워크 기기에 접속할 수 없을 때는 콘솔 단말을 현장에 가져가 네트워크 기기에 직접 접속해야 합니다. 즉, **엔지니어가 수고스럽게 현장에 가야** 합니다.

---

1   (옮긴이) 최근에는 클라우드 관리형 제품이 많이 나와 인터넷을 통해 설정하기도 합니다.

그러나 현장이 도서나 산간 지역에 있다면 어떨까요? 긴급한 때라도 엔지니어가 현장에 출동하기까지 반나절이나 하루가 걸릴 수도 있습니다.

네트워크를 관리하는 정보 시스템 부서의 입장에서는 장애 복구가 지연돼 품질을 보장할 수 없게 됩니다. 즉, 사용자에게 영향이 미칠 위험이 있습니다. 실제 업무에 지장이 생긴 다면 사업 기회를 잃을 수 있다는 상황도 생각해볼 수 있습니다.

이처럼 '네트워크를 경유해서 네트워크 기기나 서버를 원격 조작할 수 없다'는 상황은 모든 엔지니어의 공통된 고민일 겁니다.

원격으로 시리얼 접속을 하는 구조

원격으로 직접 네트워크 기기나 서버에 시리얼 접속을 하는 방법이 있습니다. 바로 콘솔 서버를 통한 시리얼 접속입니다. 콘솔 서버란 콘솔 단말과 네트워크 기기를 직접 연결해서 관리하는 것과 같은 작업을 원격지에서 할 수 있도록 해주는 장치입니다.

콘솔 서버를 도입했을 때의 복구 절차는 다음 그림과 같습니다. 콘솔 서버는 스탠바이 랙에만 설치해도 되지만 액티브 랙에도 설치하면 다운 타임을 단축할 수 있습니다. 그 이유는 액티브 랙에 콘솔 서버가 있으면 원격으로 직접 설정할 수 있기 때문입니다(109쪽의 아래 그림 참고).

▶▶ 콘솔 서버의 자세한 활용은 112쪽의 '실무 포인트'를 참고해주세요.

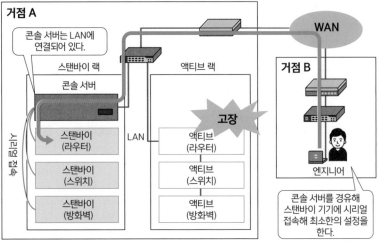

Step 1

거점 A

콘솔 서버는 LAN에 연결되어 있다.

스탠바이 랙

콘솔 서버

시리얼 접속

스탠바이 (라우터)

스탠바이 (스위치)

스탠바이 (방화벽)

액티브 랙

LAN

액티브 (라우터)

액티브 (스위치)

액티브 (방화벽)

고장

WAN

거점 B

엔지니어

콘솔 서버를 경유해 스탠바이 기기에 시리얼 접속해 최소한의 설정을 한다.

※액티브 랙에 콘솔 서버가 설치되지 않은 경우

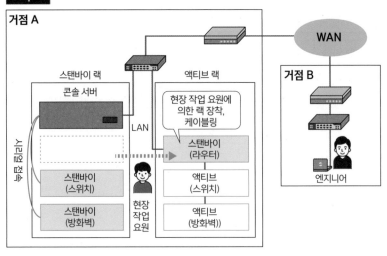

Step 2

거점 A

스탠바이 랙

콘솔 서버

시리얼 접속

LAN

스탠바이 (스위치)

스탠바이 (방화벽)

현장 작업 요원

액티브 랙

현장 작업 요원에 의한 랙 장착, 케이블링

스탠바이 (라우터)

액티브 (스위치)

액티브 (방화벽))

WAN

거점 B

엔지니어

콘솔 서버를 통한 시리얼 접속

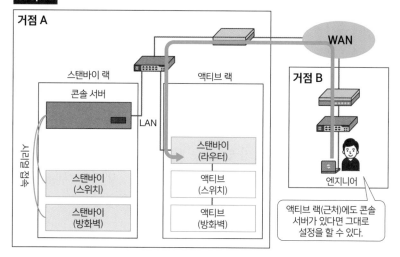

콘솔 서버를 통한 시리얼 접속(이어서)

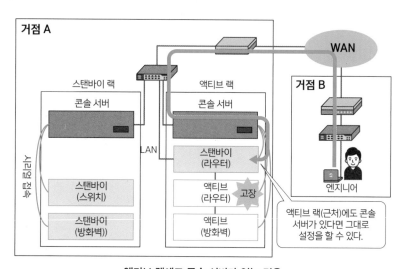

액티브 랙에도 콘솔 서버가 있는 경우

액티브 랙에도 콘솔 서버와 스탠바이 라우터가 있다면 엔지니어가 현장에 나가지 않더라도 복구 작업을
마칠 수 있다. 다운 타임을 대폭 단축할 수 있다.

이처럼 '콘솔 서버를 통한 시리얼 접속'은 운용적인 면만 생각한다면 '현장에서의 작업'과
같은 환경이 됩니다. 즉, 엔지니어가 현장에 출동하지 않고도 현장에 있는 것처럼 작업할

수 있습니다.

이 방법은 원래 유지 보수의 발상에서 생겨났는데 오늘날에는 설정을 변경할 때도 현장에서 자주 쓰이게 되었습니다. 운용 자체는 현장과 같은 환경이므로 설정을 변경하며 장치 본체의 재부팅도 할 수 있습니다.

최소 인원으로 관리가 가능해진다

콘솔 서버의 이용 목적으로는 장애가 발생했을 때 원격 조작을 통해 문제를 해결할 수 있다는 점이 있지만 콘솔 서버의 가치는 그뿐만이 아닙니다. 실제 현장에서는 **장애가 없더라도 평상시에 서버나 네트워크 기기의 정보 수집이나 상태 감시를 목적으로 콘솔 서버를 이용합니다.**

또한 스위치, 라우터, 서버, 방화벽 등 다양한 네트워크 기기를 현장에서 다룰 때도 위력을 발휘합니다. 예를 들면 현장 작업 요원이 네트워크 기기의 설치나 케이블링을 하고, 설정 작업은 원격으로 네트워크 기기에 정통한 엔지니어가 설정(이전 그림 참고)하는 운용 방법도 가능해집니다.

지방에는 네트워크 기술자가 적어 고생하는 네트워크 통합 회사(Network Integrator)가 있을지도 모르겠습니다. 적은 인원으로 보안이나 운용 관리의 품질을 유지하면서 작업 효율도 추구합니다. 나아가서는 네트워크 기기나 서버 등 다양한 장치를 조합해 하나의 네트워크 시스템으로 관리해야 합니다. 콘솔 서버는 이러한 고민을 해결해주는 방편이며, 다양한 네트워크 시스템을 집중시킴으로써 운용 관리를 효율화해 빠른 장애 복구를 실현하는 도구의 대명사입니다.

유지 보수용 네트워크를 별도로 분리

다음 그림은 콘솔 서버의 구성 예시를 나타냅니다. 관리 대상인 네트워크 기기나 서버를 콘솔 서버에 직접 연결합니다. 관리자가 조작하는 콘솔 단말은 LAN이나 WAN으로 콘솔 서버와 통신합니다.

또한 다음 그림의 예시에서는 평상시 통신을 하기 위한 업무용 네트워크와 콘솔 단말이나 콘솔 서버를 연결할 유지 보수용 네트워크를 별도로 분리했습니다. 4-1절에서 설명했듯 앞으로 네트워크 관리자는 업무용과 유지 보수용 네트워크를 별도로 구성하도록 고려해야 합니다. 이렇게 하면 업무용 네트워크에 장애가 발생했을 때도 콘솔 서버를 경유해서 각 기기에 접근할 수 있어 네트워크의 다운 타임을 단축할 수 있습니다.

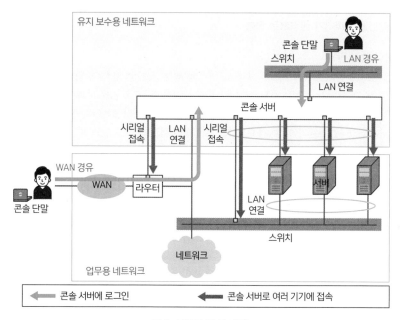

콘솔 서버의 구성 예시

현장속으로　구성은 비용을 보고 판단

이전 그림의 구성은 이상적이지만 실제로 도입할지는 비용을 보고 판단합니다. 대기업은 업무용과 유지 보수용으로 네트워크를 나눌 수 있겠지만 중소기업의 네트워크는 비용 문제로 같이 사용하는 경우가 많습니다.

✅ **실무포인트**

콘솔 서버의 활용 방법

실제 현장에서 콘솔 서버를 활용하는 세 가지 방법을 소개합니다.

(1) 스탠바이 장치 관리

(2) 고장 난 장치를 교환할 때 다운 타임을 단축

(3) 최종 확인을 관리자가 원격으로 진행

1) 스탠바이 장치 관리

스탠바이 네트워크 장치를 전용 랙에 두고 유사시를 대비해 환경을 정비합니다. 일반적으로 스탠바이 장치는 구입했을 때 그대로이며 설정은 하지 않습니다. 물론 LAN에 연결되지 않은 상태가 일반적입니다. 이런 경우 교체를 할 일이 생겼을 때 '스탠바이 장치가 고장 난 상태라 작동하지 않는다'는 사태가 일어날 수도 있는데, 콘솔 서버가 있다면 스탠바이 장치에도 원격으로 접속해 정기적으로 스탠바이 장치의 상태를 확인할 수 있습니다.

2) 고장 난 장치를 교환할 때 다운 타임을 단축

유사시 현장에 작업 요원이 출동 중인 동안 원격으로 콘솔 서버를 통해 기기 설정을 완료합니다. 구체적인 작업 절차를 확인해보겠습니다. 평상시는 스탠바이 랙에 설치한 콘솔 서버로 스탠바이 장치의 상태를 파악해둡니다. 장애가 발생하면 관리자는 우선 해당하는 설정 파일의 복구를 콘솔 서버를 통해 실시합니다. 그다음 현장에서 초기 대응을 하는 작업 요원에게 설정을 마친 스탠바이 장치와 고장 난 장치의 교환, 케이블링을 지시합니다.

3) 최종 확인을 관리자가 원격으로 진행

2)를 실시한 후에 관리자가 상세 설정을 원격으로 진행하면 완료되므로 관리자가 수고스럽게 현장에 나갈 필요가 없습니다.

5

네트워크 운용 설계와
장애 대응의 기본

네트워크 장애 대응에는 장애 위치를 특정하기 위한 기본적인 절차가 있습니다. 그러나 그러한 장애를 발생시키지 않는 운용 설계가 가장 중요합니다. 이 장에서는 장애를 미연에 방지하기 위한 운용 설계, 그리고 현장에서의 장애 대응을 순서에 따라 설명합니다.

5-1 네트워크의 가용성 설계

네트워크의 가용성

네트워크의 가용성이란 간단히 말하면 네트워크의 중단을 어느 정도까지 허용할지를 말합니다. 즉, '애당초 네트워크 구축에 그렇게 고가인 제품을 도입하거나 시간을 들일 필요는 없지 않나', '다소의 네트워크 중단을 참음으로써 남은 비용을 다른 곳에 쓰자', '네트워크나 서버에 투자할 때는 선택과 집중이 필요하다' 같은 생각으로, **장애를 100% 완벽히 방지하려 하기보단 방지할 곳과 버릴 곳을 명확히 한다**는 사고방식입니다.

그렇다면 100% 완벽히 하지 않는다면 어느 정도까지 할 것인지, 즉 어느 정도까지 허용할지를 정해야 합니다. 이것이 가용성의 기본 설계입니다.

중요도를 분류한다

우선 **중요도**를 분류합니다. 고객의 네트워크에 따라 사고방식에 다소 차이가 있겠지만 대강 아래의 기준을 예시로 설계하면 되겠습니다.

- 가장 중요
- 중요
- 일반

위의 세 가지는 네트워크의 중요도가 높은 순으로 나열했습니다.

각 레벨에 대해 복구 허용 시간 및 영향 범위의 예시, 운용 서비스의 예시를 들어 대응 방법을 설명합니다.

■ 가장 중요

무슨 일이 있어도 네트워크나 시스템의 중단은 허용되지 않습니다. 예를 들면 사회적으로 영향을 미치는 통신 회사나 금융, 증권, 관공서의 시스템이 이에 해당합니다. 어떤 때라도 시스템이 중단되지 않도록 가용성이 높은 레벨로 유지되도록 운용 설계를 합니다.

대응 방법으로는 **네트워크 전체의 완전 이중화**(또는 그 이상의 다중화)를 실시합니다. 네트워크의 근간인 라우터나 스위치 등의 네트워크 기기의 이중화는 물론이며 네트워크 회선도 이중화합니다. 나아가서는 서버, 그리고 궁극적으로는 거점(사이트라고도 합니다) 전체를 통째로 물리적으로 떨어진 장소에 백업합니다(재해 복구: disaster recovery, DR). 예를 들면 서울과 대전 간에 시스템 전체를 백업하는 방식입니다. 만일 서울에서 시스템 다운이 발생해 업무의 복구가 불가능하더라도 대전으로 시스템을 전환해 업무를 재개할 수 있으며 그 반대도 가능합니다. 어느 지역에서 대지진, 해일, 유행병 등의 대규모 재해가 발생하더라도 업무를 계속할 수 있는 수준입니다.

■ 중요

일반 기업에서도 사내 시스템이나 메일 등을 사용할 수 없다면 업무에 지장이 생깁니다. 수 초 이내의 통신 복구가 필수적입니다. 통신이 단절되더라도 수 초 이내로 백업 경로로 전환이 완료되므로, 네트워크를 이용하는 사용자의 입장에서 '아무 일도 없었다'고 느끼는 수준일지도 모릅니다.

일반 기업의 중추인 기간 시스템은 완전 무중단 레벨까지는 아니어도 순단 레벨은 유지하도록 설계하는 것이 이상적입니다.

대처 방법으로는 **사이트 전체를 통째로 물리적으로 떨어진 장소에 백업한다는 것** 외에는 **가장 중요 레벨과 동등**하다고 생각하면 됩니다.

라우터나 스위치 등의 네트워크 기기와, 네트워크 회선을 이중화합니다.

■ 일반

기준으로는 2~4시간 이내에 복구를 하는 수준입니다. 이 경우 보수 요원은 1~2시간 이내로 현장에 도착해야 제시간에 복구를 할 수 있습니다.

대처 방법으로는 현장에 **예비 네트워크 기기**를 준비합니다. 그러나 라우터나 스위치 등의 네트워크 기기의 이중화나 네트워크 회선의 이중화까지는 하지 않습니다.

가령 2시간 이내의 복구라면 보수 요원이 현장에 도착했을 때 교환용 라우터나 스위치 등이 이미 있어야 합니다. 만일 예비 기기가 없다면 장치의 수배나 운송, 장치 도착 후의 개봉 작업, 작동 확인 등 복구 작업에 많은 시간이 소요되므로 단시간에 복구하는 것은 불가능합니다.

현장속으로 **복구 시간을 더 줄이기 위해서는**

현실적인 문제로 이 이상의 조기 복구, 즉 현장 출동 시간의 단축을 요구받는 때가 있습니다. 예를 들면 '1시간 이내로 현장에 도착하는 것이 계약 조건' 등입니다. 그럴 때는 운용 및 유지 보수 회사는 아래의 대책 중 어느 하나를 고려해야 합니다.

- 1시간 이내로 현장에 출동할 수 있는 유지 보수 서비스 센터를 개설한다.
- 현장에 보수 요원을 상주시킨다.

첫 번째인 유지 보수 서비스 센터는 위성 사무실 같은 것입니다. 즉, 주요 서비스 센터가 관할하는 미니 서비스 센터를 개설해 거기에 출동 전문 보수 요원을 대기시키는 방법입니다. 이 경우 보수 요원의 임무는 최대한 고객과 계약한 시간 내로 도착해 현장을 확인하는 것입니다. 복구 작업 기술은 필요하지 않습니다. 계약한 출동 시간이 1시간이라면 최대한 1시간 이내로 도착한다는 것이 출동 보수 요원에게 주어진 임무입니다.

또한 출동 보수 요원은 절대로 자신의 판단으로 작업하지 않습니다. 현장의 데이터 센터나 유지 보수 서비스 센터에는 작업을 지시하는 책임자가 있으며 책임자의 지시하에 작업하는 것이 원칙입니다. 이렇게 분업하는 방식을 취하며 그 사이에 복구 요원이 필요에 따라 예비 기기나 부품을 갖고 나중에 현장을 방문하는 방식이 일반적입니다.

이 이상으로 출동 시간이나 복구 시간의 단축을 요구할 때는 두 번째인 '현장에 보수 요원을 상주시킨다'는 방법밖에 없습니다.

이중화의 레벨

이중화란 만일 장치가 고장 나더라도 서비스를 계속해서 제공할 수 있도록 네트워크나 시스템을 구축하는 것입니다. 예를 들면 라우터를 두 대 설치해 한쪽 라우터에 장애가 발생해 다운되더라도 다른 한쪽의 라우터가 서비스를 영향 없이 이어가는 것입니다.

이 밖에도 네트워크로의 접속 회선을 여럿 준비해 한쪽이 다운되더라도 통신이 끊기지 않게끔 하는 '**네트워크의 이중화**'가 있습니다. 또한 서버 내의 여러 개의 하드 디스크에 같은 데이터를 써서 하드 디스크 장애에 의한 데이터 손실을 피하는 등 다양한 종류의 이중화 방법도 있습니다.

이중화의 또 다른 이점으로는 **고장 난 부분만 교환해 복구하거나 구성에 따라서는 한쪽 네트워크 가동 중에 교환 작업이 가능**하다는 점을 꼽을 수 있습니다.

이처럼 이중화하는 부분을 늘리면 늘릴수록 가용성은 올라갑니다. 그러나 이중화용으로 추가 기기를 구비해야 함은 물론이며 네트워크 설계 등의 비용도 필요합니다. 이중화를 할지는 시스템이 다운됐을 때의 영향과 비용을 고려해 검토해야 합니다.

이중화 구성의 방식

이중화 구성에는 크게 세 가지 방식이 있습니다.

- 액티브-액티브(A-A)
- 액티브-스탠바이(A-S)
- 콜드 스탠바이

액티브-액티브

액티브-액티브는 여러 대의 장치를 동시에 가동하는 방법입니다. 장애가 발생하면 해당 장치만 중단시키므로(떼어낸다고도 합니다) 사용자가 중단 없이 서비스를 이용할 수 있습니다.

> **현장속으로** 방화벽의 이중화
>
> 방화벽의 이중화가 액티브-액티브의 대표적인 예시입니다. 가동 시에는 양쪽 장치 간에 정기적으로 설정값을 동기화합니다. 만일 한쪽 장치에 장애가 발생해 교환 작업을 할 경우, 교환을 마치면 원래 가동 중이었던 장치가 자동으로 설정값을 복사해주므로 설정하는 수고를 덜 수 있습니다.

액티브-스탠바이

액티브-스탠바이는 물리적 구성이 같은 장치를 두 개 구축합니다. 그중 **하나를 액티브로서 가동하며, 다른 하나를 스탠바이로서 대기 상태로 둡니다.** 이때의 스탠바이 장치는 전원이 켜져 있으면서 장치 자체도 가동하고 있는 상태입니다. 게다가 스탠바이 장치는 액티브 장치와 동기화를 하면서 언제라도 액티브가 될 준비를 하고 있습니다. 만일 액티브 장치에 장애가 발생하면 그 즉시 자동으로 통신의 처리를 이어 나갑니다. 라우터의 이중화가 대표적인 예시입니다.

콜드 스탠바이

콜드 스탠바이는 물리적 구성이 같은 장치를 구축하는 것까지는 **액티브-스탠바이와 같지만 액티브와 스탠바이 간에 동기화는 하지 않습니다.** 이때의 스탠바이 장치는 전원이 꺼져 있어 가동하고 있지 않은 상태입니다.

만일 액티브 장치에 장애가 생겨서 교환 작업을 할 때는 수동으로 스탠바이 장치의 전원을 켜고 교환합니다. 또한 케이블 등도 다시 연결해야 합니다.

해당 현장이 유지 보수 서비스 센터와 멀고 단시간에 출동하기가 어려운 경우에 효과적입니다. 예를 들면 지방 거점이라 교통 수단이 좋지 않거나 지역이 섬이나 해외 공장일 때 등입니다. 보수 요원의 출동에 반나절이나 하루가 걸릴 때는 현장에 있는 고객에게 임시 복구를 부탁하는 경우가 있습니다. 전원을 켜거나 물리적인 케이블을 재연결하는 정도는 누구라도 대응할 수 있기 때문입니다. 그럴 때는 콜드 스탠바이 방식을 채택합니다.

또한 주변 거점에서 장애가 발생했을 때 예비 기기를 다른 곳에 할당할 수 있다는 장점도 있습니다.

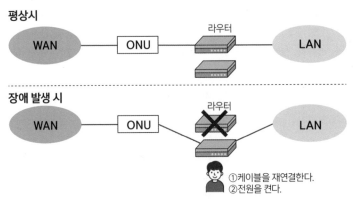

콜드 스탠바이 방식

콜드 스탠바이의 예시

5-3 이중화의 전체 구조

단일 구성일 때 장애의 영향도

이중화를 할지 판단하는 기준 중 하나는 **비용**입니다. 예상되는 위험을 어디까지 허용할지 여부와 이중화로 구축하는 비용을 서로 비교해서 최종적으로 결정합니다. 네트워크나 시스템의 단일 구성은 이중화와 비교해 비용 면에서 우위성이 있으나 가용성 면에서는 부족합니다. 그렇다면 가용성 부족이란 구체적으로 어떤 것인지 구성 예시를 들어 설명합니다.

구내 네트워크가 단일 구성이면

다음 그림은 **스위치가 단일 구성**인 구내 네트워크를 나타냅니다. 이때 스위치 본체(그림의 **1**), 포트(그림의 **2**), 수용할 LAN 배선(그림의 **3**) 중 어딘가에 장애가 발생하면 외부(WAN)와 층간은 통신을 할 수 없게 됩니다. 통신이 가능한 부분은 해당 층의 범위(그림의 **4**)로 한정됩니다. 즉, 같은 층에 있는 사용자끼리만 통신할 수 있습니다. 이 네트워크는 열 개의 층을 한 대의 메인 스위치에 집중한 구성입니다. 영향 범위는 열 개의 층 전체에 이르게 됩니다. 그러나 메인 스위치가 집중하는 층이 하나 또는 둘과 같이 소규모 LAN이라면 비용을 우선적으로 고려해 일반적으로 단일 구성을 채택합니다.

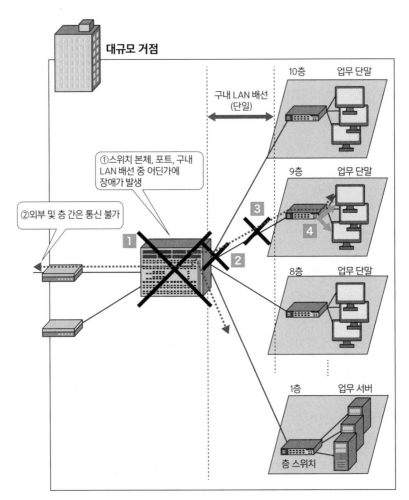

대규모 거점

10층　업무 단말

구내 LAN 배선
(단일)

①스위치 본체, 포트, 구내
LAN 배선 중 어딘가에
장애가 발생

②외부 및 층 간은 통신 불가

1

3

2

4

9층　업무 단말

8층　업무 단말

1층　업무 서버

층 스위치

구내 네트워크가 단일 구성일 때

외부와 연결되는 기기가 단일 구성이면

외부와 연결되는 기기(라우터 등)**가 단일 구성**일 때 네트워크가 대규모나 중규모라면 많은 사용자에게 영향을 줄 수 있습니다. 일반적인 네트워크라면 본사, 즉 중대규모 거점에 통신이 집중되는데 해당 경로에 문제가 있으면 네트워크 전체와 연관되기에 이중화는 피할 수 없습니다. 비용보다도 위험을 우선합니다.

한편 소규모 거점은 비용 대비 성능을 고려해서 라우터의 이중화는 하지 않습니다. 그렇기에 라우터에 어떤 장애가 발생하면 해당 거점에 있는 사용자는 다른 거점과 통신을 할 수 없게 됩니다.

소규모 거점의 라우터 이중화는 하지 않는다

소규모 거점은 **장애의 위험보다도 비용을** 우선하기 때문입니다. 네트워크를 사용하는 사용자가 적고 영향 범위가 그렇게 크지 않다는 점도 이유입니다.

이중화할 곳

이중화로 구성된 네트워크 환경에서는 여러 설비가 거의 동시에 고장 나지 않는 이상, 서비스에 영향을 주는 일은 없습니다. 또한 고장 난 부분만 교환해 복구하거나 액티브 장치가 가동 중일 때 스탠바이 장치의 소프트웨어를 업데이트하는 것도 가능하기에 작업 효율면에서 이점이 있습니다(단, 실제 작업은 휴일이나 업무 시간 외에 합니다).

이중화를 하면 필요한 설비가 늘어나므로 반드시 도입 비용이 증가합니다. 그러나 네트워크의 다운에 의한 영향이 치명적인 기업의 기간 시스템이나 통신사의 통신 설비 등 안정적인 서비스를 중요시하는 네트워크에서는 이중화하는 구성을 피할 수 없습니다.

우선은 다음 그림에 나타낸 네트워크 전체 구조로 이중화할 곳을 살펴보겠습니다.

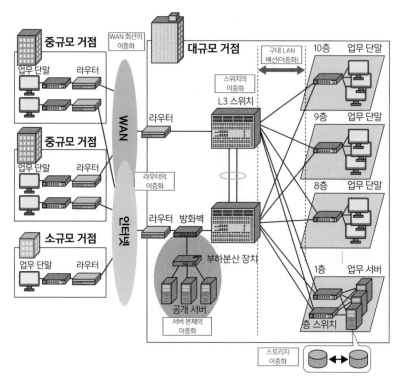

네트워크와 시스템을 이중화할 곳

그림에서 나타냈듯 이중화해야 할 곳은 다음과 같습니다.

서버의 이중화

- 서버 내의 스토리지
- 서버 본체

네트워크의 이중화

- WAN 회선
- 라우터 본체
- 스위치 본체
- LAN 배선

이제 각 항목을 알아보겠습니다.

서버의 이중화

이중화의 첫 단추로 **서버의 이중화**를 들 수 있습니다. 그중에서도 하기 쉬우면서 중요성이 높은 **스토리지의 이중화**는 독자 여러분도 잘 알고 있을 것입니다. 이 책에서는 네트워크 측면에서 바라본 서버의 이중화를 설명합니다.

그 이후의 이중화 수단으로는 **서버 본체의 이중화**가 있습니다.

■ 서버 본체를 이중화한다

서버 본체를 이중화하는 방법의 대표적인 예시로 **부하분산 장치**를 이용하는 방법을 꼽을 수 있습니다. 부하분산 장치는 로드 밸런서라고도 하며, 여러 대의 서버를 모두 액티브 상태로 유지해 가동할 수 있습니다. 만일 서버 한 대에 장애가 발생하면 부하분산 장치는 장애가 발생한 서버에는 데이터를 보내지 않고 다른 서버에 데이터를 보내는 역할을 합니다.

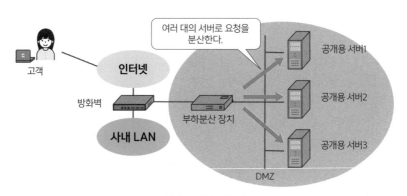

서버 본체의 이중화

WAN 회선의 이중화

■ 여러 대의 라우터로 WAN 회선을 이중화

다음 그림은 라우터를 액티브와 스탠바이로 구성함으로써 양쪽에서 운용하고 있습니다.

각 WAN 회선도 액티브-스탠바이 구성입니다. 그러나 '장치를 두 대나 구축했으니 충분하다'고 안심해서는 안 됩니다. 만일 통신 사업자인 A사 자체에 장애가 생기면 양쪽 회선은 모두 다운됩니다.

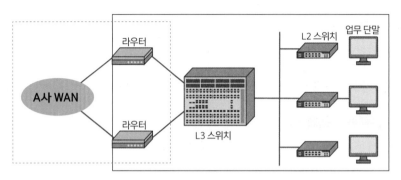

WAN 회선의 이중화를 할 때 주의점
라우터를 이중화했어도 회선이 같은 통신 사업자의 것이라면 이중화하는 의미가 없다.

동일한 회선이라면 이중화하는 의미가 없습니다. 이를 피하기 위해서도 가용성 향상이라는 면에서 **WAN 회선은 다른 통신 사업자를 이용하는 것이 철칙**입니다. 또한 다른 한쪽의 회선의 통신 사업자로 다르다면 비용 교섭 시에도 유리해집니다.

> **현장속으로** 다른 통신 사업자의 회선을 병용
>
> WAN 회선은 KT 회선과 SKB 회선처럼 다른 통신 사업자의 회선을 병용합니다. 최근에 발생한 KT의 회선 장애로 인해 단일 회선을 사용 중이었던 회사도 다른 통신 사업자의 회선을 병용하려는 움직임이 많이 생겼습니다.

다음 그림처럼 구성한다면 만일 WAN 회선이나 라우터에 장애가 발생하더라도 운용에 지장을 주지 않고 계속해서 통신을 할 수 있습니다.

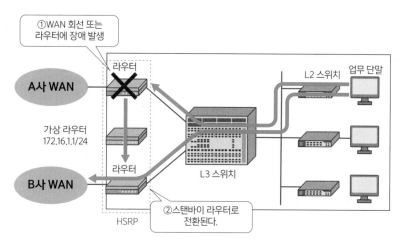

①WAN 회선 또는
라우터에 장애 발생

라우터

업무 단말

L2 스위치

A사 WAN

가상 라우터
172.16.1.1/24

라우터

L3 스위치

B사 WAN

②스탠바이 라우터로
전환된다.

HSRP

WAN 회선을 다른 통신 사업자로부터 빌렸을 때의 구성

액티브 회선이나 라우터에 장애가 발생하더라도 자동으로 스탠바이 라우터로 전환됩니다. 이를 실현하는 유명한 프로토콜이 바로 시스코사의 독자적인 프로토콜인 **HSRP**입니다. 또한 같은 역할을 하는 업계 표준 프로토콜인 **VRRP**도 있습니다.

양쪽 라우터의 실제 IP 주소를 사용하는 구조가 아니라 위 그림처럼 가상의 IP를 두어 해당 주소를 사용해 통신합니다. 장애가 발생했을 때 액티브와 스탠바이의 전환 시간은 수초 이내로 이루어집니다.

✅ **실무포인트**

통신 경로 파악하기

위 그림처럼 단순한 네트워크 구성이라면 어디와 어디가 통신을 하며, 장애가 발생했을 때는 어느 경로를 대체 경로로 할지 파악하기 쉽습니다. 그러나 운용 관리할 거점이 많으면 많을수록 통신 경로는 복잡해집니다. 그렇기에 정상일 때와 장애 시의 통신 경로를 누구라도 알 수 있게끔 문서로 남기는 것이 철칙입니다. 구체적으로는 정상일 때의 통신 경로와 장애 시의 모든 통신 경로 패턴을 구성도를 사용해 가시화합니다. 그다음 이를 모든 네트워크 운용 관리자와 공유해 어디와 어디가 통신 중인지뿐만 아니라 어느 경로를 통과하고 있는지를 장애 상황일 때도 포함해 파악해둬야 합니다. 또한 통신 경로를 장애 시의 경로로 자동적으로 전환하는 방법으로 운용할 때는 라우팅(경로) 정책의 제정이 필수적입니다. 다음 그림은 대전지사의 메인 라우터가 다운됐을 때를 나타냅니다. 자동적으로 WAN 회선에서 백업망(인터넷)으로 통신 경로가 전환됐음을 알 수 있습니다.

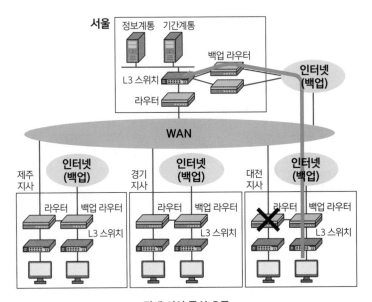

장애 시의 통신 흐름

대전지사(오른쪽 아래)의 메인 라우터가 다운됐을 때 백업망(인터넷)으로 통신 경로가 전환된다.

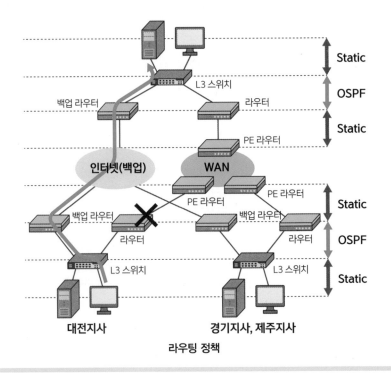

라우팅 정책

■ 하나의 라우터로 여러 WAN 회선을 이중화

이 구성은 다음 그림과 같습니다. 앞에서 살펴본 여러 라우터를 사용한 구성보다 가용성
은 떨어지지만 비용 면에서는 약간 우위를 갖습니다. 구성하기 위한 네트워크 기기가 적으
며 구축할 때의 설계 비용을 절약할 수 있기 때문입니다.

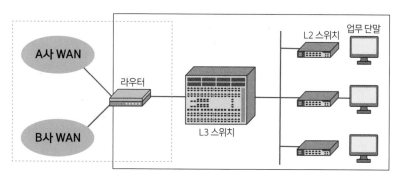

하나의 라우터로 여러 WAN 회선을 이중화

이 구성에서는 WAN 회선에 장애가 발생해도 백업 경로의 회선으로 계속 통신할 수 있
습니다. 단, **라우터에 장애가 발생하면 모든 통신을 할 수 없게 된다**는 조건은 붙습니다.
라우터 본체에 장애가 생겼을 때는 운용 및 유지 보수 회사에 복구 작업을 의뢰하지만 그
몇 시간 동안은 통신을 할 수 없게 됩니다. 이 통신이 중단되는 시간은 아래 조건에 좌우
됩니다.

　① 예비 제품이 현장에 있다(콜드 스탠바이로 준비되어 있음).
　② 예비 제품이 현장에 없다(운용 및 유지 보수 회사가 예비 제품을 지참).

5-2절에서 설명한 콜드 스탠바이로 구성했다면 통신이 중단되는 시간은 보수 요원이 출동
하는 시간에 의존합니다. 그 이유는 교환용 예비 제품은 이미 현장에 있기 때문입니다.

또한 스탠바이로 가동 중인 라우터 근처에 설치한(예를 들어 같은 랙에 설치한) 경우는 케이
블만 바꾸면 되므로 누구라도 교환 작업을 할 수 있습니다. 미리 절차서를 준비해 현장에
있는 사람에게 물리적인 연결과 전원 인가를 부탁하면 교환 작업을 마칠 수 있습니다. 그
다음 나중에 도착하는 보수 요원에게 장치 상태 및 통신 확인 등 최종적인 확인을 요청하

면 됩니다. 이 방법이라면 수 분 만에 통신이 복구됩니다.

한편 예비 제품이 없을 때, 즉 부품을 포함해 운용 및 유지 보수 회사에 모든 것을 외주 맡기는 경우라면 복구에 반나절은 걸린다고 생각하면 좋습니다.

> **현장속으로** 어느 정도까지 갖춰야 하나
>
> 라우터가 한 대인 구성과 두 대인 구성 중 어느 것이 좋을지는 네트워크 장애의 위험을 어디까지 허용할지에 따릅니다. '한순간이라도 통신 단절이 발생하면 안 된다', '한두 시간 정도는 괜찮다', '장애가 일어날지는 모르는 일이니 반나절 정도는 운이 나쁘다고 생각하면 된다' 등 다양한 의견이나 사고방식이 있습니다.
>
> 네트워크 장애에 대한 준비는 어떤 의미로 보험입니다. 보험 역시 어디까지 가입할지 고민하곤 합니다. 돈을 들이면 조건은 좋아지나 매월 나가는 비용이 늘어나기에 자신의 지갑 사정을 고려해서 결정합니다. 이처럼 우선 네트워크 중단에 관한 허용 범위를 명확히 하고 비용면을 고려한 뒤 이중화 구성을 검토해야 합니다.
>
> 그러나 '그렇게 말은 해도'라는 독자를 위해서 말씀드리자면 지금의 사업이 네트워크에 의존하는 상황을 생각하면 장차 가용성이 높은 네트워크 구성이 반드시 요구됩니다. 우선은 '여러 라우터로 WAN 회선을 이중화'하는 것을 바람직한 모습으로 검토해야 합니다. 그 모습을 수 년 후의 최종적인 구성으로 가정하고, 구성을 향한 단계를 밟아 나가면 됩니다. 한 번에 모든 것을 해서는 안 됩니다. 이것이 필자의 결론입니다.

구내 네트워크의 이중화

중대규모인 구내 네트워크는 반드시 **이중화로 구성**합니다. 네트워크를 이용하는 사용자도 많으며 서비스가 멈췄을 때의 영향이 크기 때문입니다.

구내 네트워크의 이중화는 스위치로 실현합니다. 즉, 구내 네트워크의 가용성은 스위치에 달려 있습니다.

스위치의 이중화는 현재 사용 중인 스위치와는 별개로 예비 스위치도 구비해두는 방법입니다(다음 그림의 **1**). 두 스위치는 모두 가동 상태입니다. 또한 층 스위치로 구내 LAN 배선을 할 때는 각각의 스위치에서 배선을 합니다(다음 그림의 **2**). 이를 통해 스위치 본체와 스위치에서 단말을 향하는 LAN 배선도 이중화할 수 있게 됩니다.

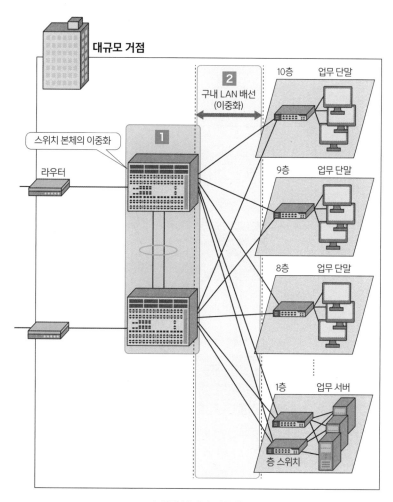

대규모 거점

2 구내 LAN 배선 (이중화)

10층 업무 단말

1 스위치 본체의 이중화

라우터

9층 업무 단말

8층 업무 단말

1층 업무 서버

층 스위치

스위치 본체의 이중화

■ 스위치 본체에 장애가 발생했을 때

이제부터 스위치 본체의 이중화 구성에서 실제로 장애가 발생했을 때를 살펴보겠습니다. 우선은 **스위치 본체의 장애**입니다.

이 구성이라면 만일 스위치 본체에 장애가 발생했더라도 **예비용 스위치로 자동적으로 전환됩니다.** 사용자는 **백업 경로를 통해서 우회 통신**을 하게 됩니다. 운용에 지장을 주지 않으면서 지속적인 통신을 실현할 수 있습니다. 스위치 본체를 이중화하면 한쪽을 가동하면서 다른 한쪽의 고장 난 스위치를 교환할 수 있다는 것이 장점입니다. 단, 도입 기기가 늘어날수록 운용이 복잡해진다는 단점이 있습니다.

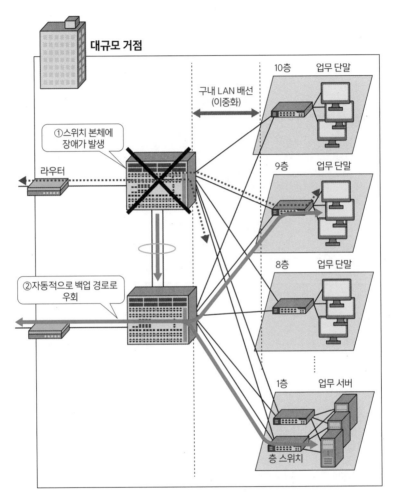

스위치 본체에 장애가 발생했을 때

■ 스위치의 포트나 LAN 배선에 장애가 발생했을 때

다음으로 스위치의 포트(다음 그림의 **1**)나 LAN 배선(다음 그림의 **2**)에 장애가 발생하면 어떻게 될까요?

이 구성이라면 만일 스위치의 포트나 LAN 배선에 장애가 발생했더라도 **예비용 통신 경로로 자동적으로 전환됩니다.** 사용자는 앞서 설명한 '스위치 본체에 장애가 발생했을 때'와 마찬가지로 운용에 지장을 주지 않으면서 지속적인 통신을 실현할 수 있습니다.

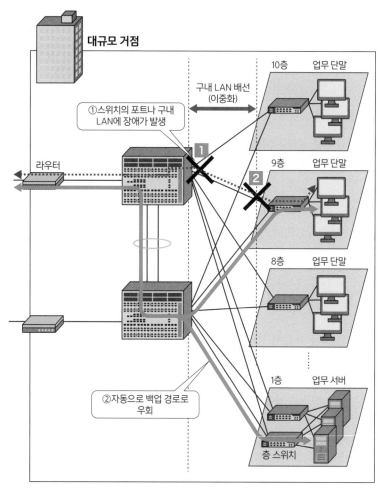

대규모 거점

구내 LAN 배선
(이중화)

①스위치의 포트나 구내
LAN에 장애가 발생

라우터

②자동으로 백업 경로로
우회

10층   업무 단말

9층   업무 단말

8층   업무 단말

1층   업무 서버

층 스위치

스위치의 포트나 LAN 배선에 장애가 발생했을 때

전원의 이중화

네트워크 기기의 전원 부분도 이중화하는 것이 현장의 철칙입니다.

지금까지 네트워크 기기는 초기 불량을 제외하면 하드웨어 고장은 적다고 설명했으나 의외로 전원 고장이 현장에서 많이 발생합니다. 특히 5년을 넘으면 그런 경향이 심해집니다.

그렇기에 네트워크 기기 본체에 빈 슬롯이 있다면 전원을 이중화합니다.

전원 모듈이 단일 구성인 상태

전원 모듈을 이중화한 상태

전원의 이중화

단일 구성인데 전원이 고장 나면 그 충격은 장치 자체가 고장 났을 때와 같습니다. 그만큼 중요하며 전원을 이중화해두면 만약 한쪽 전원이 고장 나도 영향을 주지 않습니다. 이중화는 현장의 철칙임을 잊지 않기 바랍니다.

비용과 위험의 균형

지금까지 기업 네트워크에서는 장치나 연결 회선의 이중화가 필수적임을 설명했습니다. 이중화를 하고 있는 기업은 많지만 지방 거점에서는 아직도 콜드 스탠바이 기기를 현장에 배치해서 물리적으로 케이블을 바꿔 연결하는 운용 방법을 취하는 곳도 적지 않습니다. 그러나 콜드 스탠바이 기기를 통한 이중화 대책은 사람이 작업을 해야 하기에 인적 장애(휴먼 에러)가 발생할 위험이 있습니다. 사람이 직접 하니까 복구 작업에도 시간이 걸립니다. 평상시 훈련을 하거나, 정기적인 장치 점검도 필요해 유지 비용이 듭니다. 예산 문제가 있긴 하지만 결과적으로는 손해를 보는 일이 없도록 리스크를 따지면서 필요한 투자를 게을리하지 않는 것이 중요합니다.

운용 설계
이중화 대책의 고도화

이전 절에서 설명했듯 이중화 대책은 네트워크 기기나 전원의 이중화를 통해 물리적으로 경로를 확보하거나, 라우팅 제어 혹은 VRRP 기능으로 논리적으로 경로를 확보하는 것이 정석입니다.

책에서는 이중화 대책의 고도화라는 관점에서 '멀티 섀시 링크 애그리게이션(이번 절)', '루프 방지 기능(5-5절)'을 설명합니다.

멀티 섀시 링크 애그리게이션

스위치로 구성된 네트워크의 통신 경로를 이중화하는 기술은 다양합니다. 대표적인 예시가 **'스패닝 트리 프로토콜(STP)'**입니다. STP는 지금도 자주 사용하지만 현장에서는 이전부터 몇 가지 문제점을 지적해왔습니다. 네트워크 설계나 운용 관리가 복잡하고 사용할 수 없는 포트가 생겨 비효율적이며, 치명적인 점은 장애 시 복구(앞으로 **수렴**[1]이라 합니다)에 시간이 걸린다는 점입니다.

이러한 문제는 있지만 실제 현장에서는 임시방편으로 대처해왔습니다. 일단 네트워크를 설계해서 도입하고 운용을 개시하고 나면, 전체 설계를 재검토해 대대적인 구축 작업을 재실시하는 일은 피하고 싶을 겁니다.

그러나 오늘날의 현장에서는 발생한 문제를 나중으로 미루는 것은 치명적입니다. 그렇기에 문제가 발생하고 나서 대응하는 것이 아닌, 운용 설계 단계에서부터 검토하는 것이 중요합니다. 미연에 방지한다는 사고방식입니다.

---

1   [옮긴이] 네트워크에서 자주 쓰이는 말인 수렴(convergence)이란 쉽게 말하면 상태의 변화가 안정됨 또는 완료됨을 말합니다.

위와 같이 해결할 과제가 많은 STP를 사용하지 않는 'STP 프리'의 이중화 방법으로, 오늘날 네트워크 현장에서 정석으로 여기는 '멀티 섀시 링크 애그리게이션'이 있습니다.

링크와 스위치의 이중화 방법

멀티 섀시 링크 애그리게이션(MC-LAG)은 '**링크 애그리게이션(LAG)**'과 '**스택 연결**'이라는 두 가지 기술을 조합한 것입니다. 각각에 대해 알아보겠습니다.

우선 **링크 애그리게이션(LAG)**란 이더넷 포트의 링크를 여러 개 묶어서 하나의 링크로 취급하는 기술입니다. 이 기술을 통해 LAG 내의 링크가 하나 고장 나더라도 남은 링크로 데이터의 송수신을 유지할 수 있습니다. 장애가 생긴 링크(인터페이스)는 자동적으로 LAG에서 배제되며 복구되면 자동적으로 LAG에 포함됩니다. 또한 LAG의 트래픽은 LAG에 포함된 모든 링크에서 로드 밸런스(부하 분산)되므로 포트를 낭비하는 일은 없습니다.

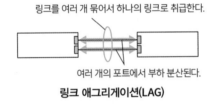

링크를 여러 개 묶어서 하나의 링크로 취급한다.

여러 개의 포트에서 부하 분산된다.

링크 애그리게이션(LAG)

다음으로 **스택 연결**이란 여러 대의 스위치를 하나의 스위치인 것처럼 기능하도록 하는 기술입니다. 일반적으로는 전용 포트를 전용 케이블로 연결합니다. 일반적인 이더넷 케이블로 스위치를 서로 연결하는 제품도 있습니다.

스택 연결된 스위치는 한 대가 부모 역할을 해 다른 자식 스위치를 집중 관리할 수 있습니다. 예를 들면 시스코사의 스위치는 '**스택 마스터**'라는 부모 스위치와 '**스택 멤버**'라는 자식 스위치를 통해 스택 연결을 구성합니다.

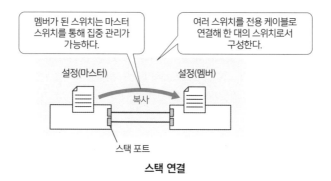

스택 연결

스택 포트라는 스택 연결 전용 포트로 양쪽을 연결하면 미리 설정된 우선도(스위치 우선도)에 따라 부모인 스택 마스터가 선출됩니다.

스택 마스터의 설정 정보(설정 파일)가 정기적으로 스택 멤버로 복사됩니다. 그렇기에 스택 마스터만 설정하면 됩니다.

스택 연결의 장점은 여러 스위치를 하나의 스위치로 다룰 수 있어서 **주소 설정 등 관리 시 수고를 절반 이하로 줄일 수 있다**는 점입니다. 운용을 시작한 후 기기 설정을 변경하는 수고도 크게 줄일 수 있습니다. 지금의 운용 관리에서 가장 중요한 사고방식은 장치의 장애에만 주목하면 안 된다는 것입니다. 네트워크가 확대되면 네트워크 기기를 관리하는 수고도 늘어납니다. 장치라는 물리적인 것만이 아닌 IP 주소와 같이 논리적인 요소의 관리도 복잡해지므로 **관리의 수고를 조금이라도 줄이자**는 관점은 매우 중요합니다.

> **현장속으로**　**스택 연결로 스위치 포트를 늘린다[2]**
>
> 스택 연결의 활용법은 장애를 미연에 방지하는 것만이 아닙니다. 여러 스위치가 마치 한 대의 스위치처럼 작동하므로 포트를 늘리고 싶을 때 유용합니다. 예를 들면 48포트인 스위치를 두 대 연결하면 96포트인 스위치가 되는 것처럼 계속 늘려 나갈 수 있습니다.

2　[옮긴이] 무한히 늘릴 수는 없으며 제품에 따라서 스택 대수에 제한이 있습니다.

두 종류의 이중화 방법을 조합하기

스택 연결된 여러 스위치는 한 대의 스위치처럼 다룰 수 있으므로 **스위치를 걸친 LAG을 구성**할 수 있습니다. 즉, 다른 스위치에 연결한 링크를 묶어서 하나의 링크로 다룰 수 있습니다. 이것이 멀티 섀시 링크 애그리게이션(MC-LAG)입니다.

예를 들어 네 대의 스위치를 통해 구성하는 상황을 생각해보겠습니다(다음 그림).

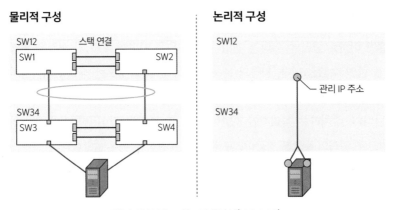

멀티 섀시 링크 애그리게이션(MC-LAG)

스택 연결된 여러 스위치는 한 대의 스위치처럼 다룰 수 있기에 스위치를 걸친 LAG을 구성할 수 있다.

스위치 1(SW 1)과 스위치 2(SW 2)를 스택 연결해 한 대의 '스위치 12(스위치 12)'로 만들고 마찬가지로 스위치 3(SW 3)과 스위치 4(SW 4)를 스택 연결해 한 대의 '스위치 34(SW 34)'로 만듭니다. 그리고 스위치 1과 스위치 3, 스위치 2와 스위치 4를 각각 LAN 케이블로 연결합니다. 이 두 가닥의 링크를 MC-LAG으로 설정합니다. 그러면 두 대의 스위치 SW 12와 SW 34가 하나의 링크로 연결된 것처럼 보입니다. 루프가 완전히 없는 구조로 구성이 매우 간단합니다.

링크 장애와 스택 스위치 장애 모두에 내결함성을 갖출 수 있습니다(다음 그림). 링크 장애 시 LAG의 수렴을 통해 해결됩니다. 즉, LAG을 구성하는 두 가닥의 링크 중 하나의 링크로 통신을 계속합니다. 한편 스위치 장애는 LAG의 수렴과 스택 연결의 수렴을 통해 해결됩니다.

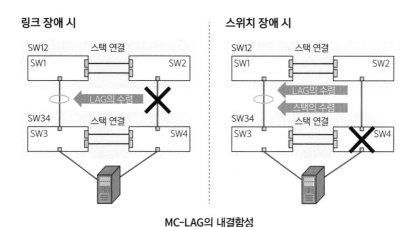

MC-LAG의 내결함성

MC-LAG의 장점

지금까지 설명한 MC-LAG의 장점을 정리해보면 다음 네 개와 같습니다.

- 포트의 효과적인 활용
- 관리성 향상
- 간단한 논리적 구성
- 장애 영향 시간의 단축

첫 번째는 포트의 효과적인 활용입니다. STP는 반드시 블로킹 포트(데이터를 보내지 않는 포트)가 필요합니다. MC-LAG은 모든 포트로 데이터를 주고받기 때문에 대역폭을 낭비 없이 이용할 수 있습니다. 기업 네트워크의 설비 투자는 연간 예산이 정해져 있습니다. 제한된 예산으로 투자를 해야 하므로 낭비 없는 네트워크 설계를 지향해야 합니다. 그렇기에

대역폭의 효과적인 활용은 지금의 현장에서는 철칙입니다. 모든 포트를 사용할 수 있다면 이용 가능한 대역폭도 늘어납니다. 이중화를 하면서 대역폭을 늘린다는 두 가지 측면의 장점이 있습니다.

두 번째는 관리성 향상입니다. MC-LAG은 스택 연결의 장점도 있습니다. 설정 파일이 하나면 되기에 설정 변경이나 주소 관리가 간단해집니다. 네트워크 구성이 복잡해져 운용 업무가 확대되는 지금의 상황에서 **관리의 수고를 더는 것은 현장의 철칙입니다.**

세 번째는 간단한 논리적인 구성입니다. 논리적 구성을 간단하게 해 복잡하고 불안정한 프로토콜을 사용하지 않고 기기의 이중화를 가능케 합니다. **귀찮은 설계, 불안정한 프로토콜의 채택에 의한 장애를 미연에 막는 것이 현장의 철칙입니다.**

네 번째는 장애 영향 시간의 단축입니다. 장애 시의 전환은 하드웨어적으로 이루어지므로 **밀리초 단위로 수렴이 가능합니다.** 장애가 발생하더라도 밀리초 단위로 전환된다면 애플리케이션에 영향은 미치지 않습니다. 특히 메일이나 웹 사이트를 이용하는 사람은 통신에 영향이 있었다는 사실조차 모를 것입니다.

> **(!) 주의** LAG은 같은 제조사끼리 구성하는 것이 철칙
>
> LAG의 또 하나의 장점은 상호 연결이 간편하다는 점입니다. LAG 부분은 제조사의 독자적인 프로토콜에 의존하지 않기에 제조사가 달라도 서로 연결할 수 있습니다. 그러나 이 장점의 표면적인 부분만 생각해 다양한 제조사의 제품으로 MC-LAG을 구성하는 것은 추천하지 않습니다. 아무리 표준 프로토콜을 채택했더라도 다른 제조사의 제품으로 네트워크를 구성하는 것은 특별한 이유가 없는 한 피해야 합니다. 서로 연결이 된다는 점을 장점으로 파악해두면서도 같은 제조사로 네트워크를 구성한다는 것이 현장의 철칙입니다.
>
> 이유 중 하나로 장애 시 장애를 진단할 때 분석 의뢰를 하게 된다면 여러 제조사에게 문의를 해야 하기 때문입니다. 제조사끼리 서로 장애 원인을 미루거나 원인 규명에 시간이 소요되는 상황이 발생합니다. 다른 제조사의 제품은 하드웨어 교환 등으로 일시적으로 어쩔 수 없을 때만 잠정적으로 사용해 운용합니다.

> **현장속으로** 간단한 논리적 구성
>
> 오늘날의 네트워크는 간단한 논리적인 구성으로 설계하는 것이 철칙입니다. 다양한 기능을 사용하면 편리하겠지만 반대로 네트워크 설계가 복잡해져 장애가 발생했을 때 장애 위치를 찾기가 어려워진다는 문제가 현장에서 늘어나고 있습니다. 미래의 운용 및 유지 보수 단계도 생각해봄으로써 간단한 논리적인 구성을 의식하도록 합니다.

또한 예산적인 문제로 층 스위치는 기존처럼 그대로 두어 스택 연결을 하지 않는다는 선택지도 있을 수 있습니다. 여기서 말하는 층 스위치란 여러분이 늘 업무로 사용 중인 PC와 가까이 있는 스위치입니다.

그런 경우라도 층 스위치보다 상위 계층에 있는 스위치에만 스택 연결을 도입해 단일 구성인 층 스위치와 링크를 연결해 MC-LAG을 구성하는 방법도 있습니다(다음 그림). 이렇게만 해도 큰 장점을 누릴 수 있습니다.

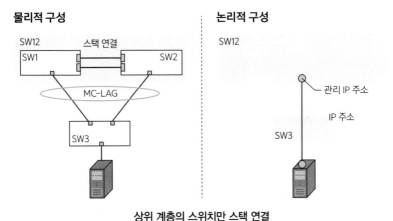

상위 계층의 스위치만 스택 연결

층 스위치가 이중화되어 있지 않아도 LAG을 구성할 수 있는 기기라면 STP가 없는
상위 계층의 이중화가 가능하다.

루프 방지 기능

기업 네트워크에서 **네트워크 루프**를 방지하는 대책은 예전부터 여럿 존재해왔습니다. 그러나 기존의 방지책으로는 운용이 곤란하게 되었습니다. 현재는 스위치에 브로드캐스트나 멀티캐스트의 유량(대역폭)의 임계치를 설정해 자동으로 포트를 셧다운시키거나 패킷을 드롭(파기)하는 기술이 도입되었으며 이를 활용하는 것이 정석입니다. 이 절에서 자세히 설명합니다.

네트워크 루프는 간단하게 발생한다

스위치로 구성하는 네트워크는 **루프 형태 연결에 의한 네트워크 장애**가 많으며 네트워크 설계자나 관리자만이 아니라 사용자도 루프 연결을 만들어버릴 위험성이 있습니다. 예를 들어 여러 PC를 연결하려고 하는 사용자가 자신이 가져온 스위치를 기업이 관리하는 스위치에 연결하는 경우입니다. 또, 사용자 가까이에 있는 층 스위치의 빈 포트에 무단으로 LAN 케이블을 연결하는 경우도 있습니다. 그 밖에도 스위치의 VLAN 설정을 잘못 입력해서 루프를 만들어 버리는 경우 등 다양하며, **네트워크 규모에 상관없이 발생**합니다.

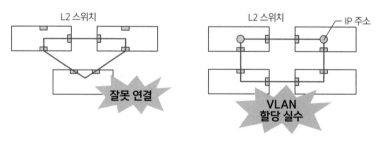

루프 연결의 발생

루프 구성은 왜 좋지 않은가?

대책을 설명하기 전에 애당초 루프 구성이 왜 좋지 않은지 그 이유를 확인해보겠습니다. **루프 연결**은 **브로드캐스트 스톰**을 일으키는 문제가 있습니다.

네트워크 내의 장치가 브로드캐스트를 보내면 브로드캐스트를 받은 장치는 수신한 포트 이외의 모든 포트로 브로드캐스트를 보냅니다(플러딩, flooding). 브로드캐스트 도메인 내의 장치가 프레임을 수신한 시점에서 전송은 종료됩니다. 그러나 여기서 네트워크가 루프 형태로 구성되어 있으면 브로드캐스트를 보낸 장치에 또 브로드캐스트가 돌아옵니다. 그리고 이를 다시 보내는, 브로드캐스트가 돌고 도는 현상이 일어납니다. 브로드캐스트는 돌 때마다 늘어나 마지막엔 네트워크의 대역폭이 모두 프레임으로 채워집니다. 이것이 브로드캐스트 스톰입니다.

루프 연결에서 위협이 되는 것은 브로드캐스트만이 아닙니다. 루프 연결이 발생했을 때 막아야 할 것은 L2 스위치에서 플러딩되는 모든 프레임입니다. **멀티캐스트 프레임**도 L2 스위치에서는 플러딩의 대상이며 **멀티캐스트에 대해서도 스톰을 억제**해야 합니다.

▶▶ 앞으로 '브로드캐스트'라고 한 설명은 멀티캐스트도 포함한 것이라고 생각해주세요.

루프 연결로 인해 미치는 장애의 영향은 기본적으로 같은 VLAN에 한합니다. 그러나 브로드캐스트는 모든 L3 스위치에서 자신을 목적지로 하는 패킷으로 간주되기에 반드시 CPU의 처리가 발생합니다. 대량의 브로드캐스트를 계속해서 스위치가 수신하면 패킷 처리에 쫓겨 장치의 CPU 부하가 높아져 결과적으로 다른 VLAN의 통신에도 영향을 주게 됩니다.

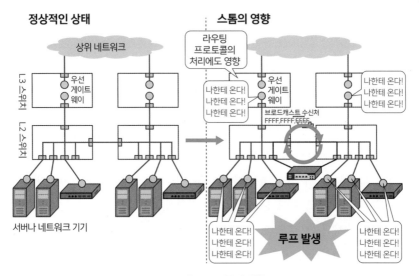

정상적인 상태

상위 네트워크

스톰의 영향

라우팅 프로토콜의 처리에도 영향

L3 스위치

우선 게이트웨이

나한테 온다! 나한테 온다! 나한테 온다!

우선 게이트웨이

나한테 온다! 나한테 온다! 나한테 온다!

브로드캐스트 수신처 FFFF.FFFF.FFFF

L2 스위치

서버나 네트워크 기기

나한테 온다! 나한테 온다! 나한테 온다!

루프 발생

나한테 온다! 나한테 온다! 나한테 온다!

브로드캐스트 스톰의 영향

브로드캐스트 스톰에는 모든 L3 스위치가 응답해야 한다. 기기의 부하가 상승해
제어가 불가능할 정도에 이른다.

브로드캐스트 스톰을 막는 대책

이제부터 루프 연결의 대책을 설명합니다.

스위치로 구성된 네트워크에서 기존에 자주 사용한 루프 방지 대책은 **'스패닝 트리 프로토
콜(STP)의 블로킹 포트로 루프를 차단'**하는 것입니다. 그러나 이 대책은 이전부터 대표적으
로 아래와 같은 문제가 있었습니다.

- STP는 제조사마다 초기 설정이 다르다.
- 루트 브리지를 결정하는 절차가 복잡하다.
- 하드웨어 장애 등의 원인으로 브로드캐스트 스톰이 일어날 위험이 있다.

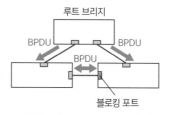

STP의 블로킹 포트로 루프를 차단한다

STP는 특정 루트 브리지를 기점으로 송신되는 BPDU를 서로 주고받아, 루프를 구성하는 포트 중에서
하나의 블로킹 포트를 결정한다.

그래서 등장한 것이 스위치에 STP를 사용하지 않는 루프 대책입니다. 이 루프 대책에는
두 가지 방법이 있습니다.

- 스톰 컨트롤
- 루프 탐지

스톰 컨트롤이란 단일 스위치에서 대역폭의 사용량을 감시함으로써 루프 연결을 탐지하는
방법입니다. 구체적으로 브로드캐스트 등의 프레임이 정상일 때는 어느 정도의 대역폭을
사용하는지 미리 측정해 측정값을 기준으로 스위치에 임계치를 설정합니다. 해당 임계치
를 넘으면 루프 연결이 발생했다고 간주합니다.

스위치는 네트워크에 루프 연결이 발생했다고 간주하면 임계치를 넘은 분량의 프레임을
드롭(파기)하거나 해당하는 포트를 셧다운시킵니다. 프레임을 드롭할지 포트를 셧다운시킬
지는 스위치에서 설정할 수 있습니다.

▶▶ 스톰 컨트롤의 설정은 다음 절에서 설명합니다.

루프 탐지는 스위치가 정기적으로 독자적인 루프 탐지(킵 얼라이브 프레임)를 보내서 이 프레
임이 자신에게 돌아오면 루프가 발생했다고 간주해 포트를 끄는 기능입니다. 이 기능을 이
용하는 사례로는 스위치 본체 내 또는 스위치 간에서 발생한 루프를 차단할 때나 하단 스
위치에서 루프가 발생했음을 탐지하고 싶을 때 등이 있습니다.

스톰 컨트롤의 설정

스톰 컨트롤을 설정할 때는 아래의 설정값을 정해야 합니다.

- 루프를 탐지했다고 간주할 임계치
- 루프 탐지 시의 행동(드롭 또는 셧다운)
- 설정할 포트

이 설정값들을 정하는 방법을 구체적으로 알아보겠습니다.

임계치의 설정

스톰 컨트롤의 임계치는 스위치의 포트 단위로 인터페이스 속도의 백분율이나 bps 값을 이용해 설정하는데 임계치를 어떻게 정할지는 꽤 고민스러운 문제입니다. 수치가 너무 높으면 루프가 발생하고 있는데도 제어가 안 될 수도 있으며, 반대로 너무 낮으면 정상인데도 제어가 작동할 수도 있습니다.

사실 이 수치는 **실제 환경에서 트래픽을 측정하고 동일 장치를 사용한 환경에서 검증**해 결정할 수밖에 없습니다. 그때 몇 가지 방침이 있습니다.

■ 준비

우선 기존의 실제 환경에 대한 정보를 수집합니다. 브로드캐스트와 멀티캐스트를 얼마나 사용하는지 대역폭을 측정합니다. 실제 환경에 있는 스위치에 스톰 컨트롤을 설정합니다. 단, 안전을 위해서 임계치는 **99.99%**(최대치), 탐지 시의 행동은 드롭(셧다운이 아닌)임을 확인합니다. 이를 통해 스위치에서 명령어를 실행하거나 MIB 수치를 폴링함으로써 브로드캐스트 트래픽의 양을 확인할 수 있게 됩니다. 한 달 정도 수집해 최대치를 확인하는 것이 바람직합니다.

■ 설계

임계치를 임시로 정합니다. 수치를 정하는 조건은 **위의 준비에서 확인한 트래픽양의 최대치보다 충분히 커야** 하며, 브로드캐스트 도메인에 참가한 모든 인터페이스의 최저 속도의 두 배보다 작아야 합니다. 예를 들면 어떤 스위치의 업링크가 1Gbps, 다운링크가 100Mbps일 때 임계치는 200Mbps보다 작아야 합니다. 왜냐하면 100Mbps의 인터페이스를 통해서 루프가 발생했을 때 양방향인 100Mbps×2(Full Duplex)를 넘는 트래픽은 발생하지 않기 때문입니다. 실제로는 가장 저속인 인터페이스가 100Mbps라면 우선 99Mbps로 설정해두는 것이 좋겠습니다.

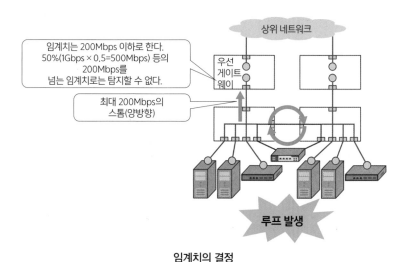

임계치의 결정

브로드캐스트 도메인에 참가한 모든 인터페이스의 최저 속도의 두 배보다 작게 할 것

여기서 결정한 수치는 모든 속도의 인터페이스에 적용합니다. 예를 들면 임계치를 90Mbps로 했다면 인터페이스 속도가 100M, 1G나 10G여도 임계치는 90Mbps가 되도록 설정합니다.

■ 검증

앞선 설계에서 결정한 수치를 검증 환경에서 설정해, 실제로 루프를 발생시켜서 기대한 작동을 하는지 확인합니다. 루프가 발생하고 나서 수 초 안에 작동하는 것이 기준입니다. 기기의 성능으로 인해 스톰 트래픽의 양이 임계치에 도달하지 않을 때는 설계에서 검토한 범위 내에서 임계치를 낮춰가야 합니다.

■ 행동 설정

스톰을 탐지했을 때의 작동은 기본적으로 셧다운으로 설정합니다. 그 이유는 스톰이 발생하면 최악의 경우 기기에 로그인조차 할 수 없게 되어 현장에서 케이블을 뽑아야만 해결할 수 있게 됩니다. 그런 상황을 방지하기 위해 루프의 근원을 차단합니다.

그러나 실제 현장에서 처음 적용할 때는 곧바로 셧다운으로 설정하지 않고, 우선 드롭 및 트랩 송신으로 설정합니다. 그리고 일정 시간 동안 정상적으로 작동함을 확인한 후에 드롭 설정을 셧다운 설정으로 변경합니다. 이유는 일시적으로 발생해 완화되는 버스트 트래픽을 탐지하지 않는지 확인하기 위해서입니다. 예를 들면 '고객이 신규로 설치한 서버에서 예기치 않은 대량의 멀티캐스트가 송신되어 의도하지 않은 스톰 컨트롤이 작동했다'는 사례도 있습니다. 정상일 때 스톰 컨트롤이 작동하지 않는 상태를 확인하고 나서 셧다운으로 설정합니다.

■ 설정할 포트의 선정

스톰 컨트롤은 하나의 링크당 한쪽 포트에 설정하면 충분합니다. 그렇다면 어느 쪽 포트에 설정해야 할까요? 그럴 때는 '상단 포트에 설정한다'는 규칙을 적용합니다.

그 이유는 포트가 셧다운 상태일 때 트랩을 탐지할 수 있게 하기 위해서입니다. 하단 포트가 셧다운되면 상단으로 향하는 트랩을 송신할 수 없게 됩니다. 이런 상태에서는 셧다운 작동을 탐지할 수 없어 매우 위험합니다. 링크의 상단 포트에 설정해 트랩의 송신 경로를 확보합니다.

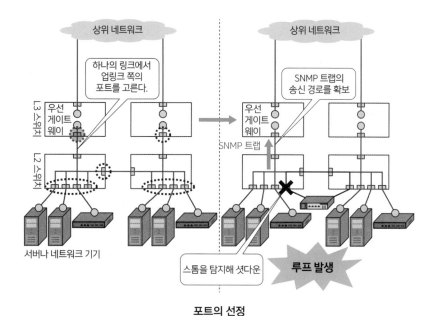

포트의 선정

포트가 셧다운 상태일 때 트랩을 탐지하기 위해서 '상단 포트에 설정한다'는 규칙을 적용한다.

5-6 — 장애 대응

장애 진단 작업의 준비

이 절에서는 **네트워크에 장애가 생겼을 때 어떻게 대처하면 좋을지** 설명합니다. 여러분이 사용 중인 가전 제품이 고장 났을 때는 제조사에 수리를 의뢰합니다. 한편 네트워크의 세계에서 말하는 '**장애**'는 장치 하나만을 의미하지 않습니다. 여러 장치에 기인할 때도 있고 장치와 장치를 연결하는 회선 장애도 있습니다. 가전 제품과의 큰 차이점은 네트워크로서 각각의 장치가 연결되어 있으며 그 네트워크에 장치가 넓게 퍼져 있다는 것입니다. 사용자가 '네트워크가 잘 안 되네'라고 느꼈더라도 장애가 발생한 부분을 곧바로 복구하지는 않습니다. 우선 장애 위치를 특정하는 것, 즉 **장애 진단 작업**이 필요합니다. 장애 진단 작업은 '**트러블 슈팅**'이라고도 합니다. 실제 현장에서는 양쪽 모두를 사용합니다. 이 책은 네트워크나 IT와 관련된 사람들의 학습을 목표로 하기에 네트워크 업계에서 장애 대응으로 쓰이는 말인 '장애 진단 작업'을 굳이 사용합니다.

유의점: 우선은 전체 구조를 잡는다

장애를 복구하기 위해서는 제일 먼저 **정보**가 필요한데 이전부터 의심스러웠던 네트워크 기기나 서버에서만 정보를 얻는 것은 아닙니다. 그러나 기술력에 자신 있는 엔지니어는 장치만으로 장애 진단을 하려는 경향이 있습니다.

물론 엔지니어에게 기술력은 강점입니다. 특히 고객이 조기 복구를 요청한 상황이라면 더욱 주변이 보이지 않을 겁니다. 그러나 이것이 장애 복구를 늦추는 원인 중 하나이기도 합니다. 핀포인트로 장애가 의심되는 기기를 골라내 콘솔로 명령어를 입력하고 싶겠지만 그전에 먼저 해야 할 작업이 있습니다.

실제 현장에서 장애가 발생했을 때는 **장애가 발생한 현장의 상태, 해당 장치의 주변 환경, 연결된 다른 네트워크 기기가 장애 원인을 찾는 실마리가 되는** 일이 의외로 많습니다.

그 밖에도 장애가 발생하기 직전의 상황에 대한 정보를 정보 시스템 부서나 사용자 등 다양한 사람들과 관점에서 얻는 것이 장애 복구를 위한 지름길이며 가장 중요합니다. 운용 및 유지 보수 업무에 종사하는 엔지니어라면 각 장치의 전문 기술이 필요합니다. 그러나 현장에서는 다음을 더 요구합니다.

- 사태의 전체 상황을 파악할 것
- 고객으로부터 사실 정보를 빠르게 캐낼 것
- 얻어낸 방대한 정보 중에서 사실만을 골라 우선도를 주어 처리할 것

무턱대고 콘솔로 명령어를 입력하기보단 우선은 침착하게 현장의 주변 상황을 확인하도록 유의합니다.

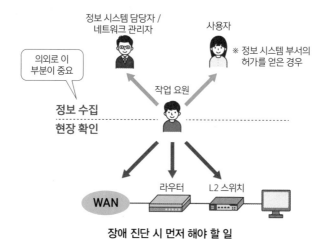

장애 진단 시 먼저 해야 할 일

무턱대고 명령어를 입력하는 것이 아닌 정보 수집과 현장 확인부터 시작한다.

현장 상황 확인

장애 진단을 위해 우선 현장의 상황을 확인합니다. 가장 주의해야 할 것은 고객으로부터 의견을 들을 때, 특히 사실 정보 수집을 가장 먼저 하고 나서 장치를 눈으로 점검해야 합니다.

① 고객에게 의견 청취(사실 정보 수집)
② 장치를 눈으로 점검

① 고객에게 의견 청취(사실 정보 수집)

고객에게 의견 청취할 내용은 당시의 현장 상황이나 네트워크 환경에 따라 다르지만 보통 아래 사항을 파악해두면 좋습니다.

1) 지금 네트워크를 사용할 수 있는지?
2) 장애 발생 전이나 어제쯤 다른 회사가 작업한 적이 있는지?
3) 네트워크를 사용하지 못하는 사람은 누구인지?
4) 네트워크를 사용하지 못하는 장소는 어디며, 어디를 향하는 통신이 불가능한지?
5) 언제부터 안 되는지?
6) 어떻게 안 되는지?

그러나 고객은 네트워크 전체를 관리하는 정보 시스템 부서의 사람일 수도 있고 실제로 네트워크를 사용하는 사용자일 수도 있습니다. 의견을 청취할 상대에 따라 그 내용은 달라집니다.

■ 정보 시스템 부서에 의견 청취

정보 시스템 부서에 의견 청취를 할 때는 위의 1번부터 6번까지 모두 청취해야 합니다. 제일 먼저 1번을 확인합니다. 이 결과에 따라서 대응의 우선도가 확 달라집니다. 지금 사용하지 못한다는 정보를 얻었다면 우선 현장에 출동해야 합니다.

1번에서 지금은 문제없이 사용하고 있다는 정보를 얻었다면 2번 이후를 청취합니다. 그중에서도 2번이 가장 중요합니다.

2번에서 어떤 작업이 있었다는 정보를 얻었다면 '옳거니' 하고 해당 부분을 중점적으로 청취합니다. 이것이 요령입니다. 지금까지 정상적으로 가동했던 네트워크에 누군가 손을 대서 장애가 발생하는 일은 자주 있습니다. 이 부분은 엔지니어뿐만 아니라 영업, 관리직이라도 운용 및 유지 보수에 관련된 사람은 꼭 기억해둡니다.

또한 3번 이후 내용은 2번을 보충하듯이 청취합니다.

운용 및 유지 보수 단계에 들어가면 문제의 원인은 하드웨어 장애를 제외하면 2번에 기인하는 사례가 대부분입니다. 현장에 출동한 보수 요원은 정보 시스템 부서원과 만나서 현재 네트워크를 사용할 수 있는지 확인한 후에 다음 문장을 질문하기 바랍니다.

'장애 발생 전이나 어제 다른 회사가 작업한 적이 있나요?'

이 한 문장이 장애 원인을 밝히는 데 지름길입니다. 아무리 기술력이 높아도, 명령어를 입력하는 속도가 빨라도, 장치에 정통하더라도 이 한 문장을 당해낼 수는 없습니다. 아무리 사소한 것이라도 상관없으니 경찰이 탐문 수사하듯 고객으로부터 현장의 사실 정보를 캐냅니다. 우선은 침착히 상황을 확인하도록 유의합니다.

■ 사용자에게 청취하기

사용자에게 청취할 때는 정보 시스템 부서의 허가를 받은 후 진행합니다.

사용자에게는 앞서 언급한 1~6번 항목을 모두 청취할 필요는 없습니다. 정보 시스템 부서처럼 네트워크 전체를 파악하고 있는 것도 아니며 기술을 잘 모르기 때문입니다.

1~2번 항목은 네트워크 전체를 파악하지 않으면 모르는 내용이므로 사용자에게 청취할 필요는 없습니다. 청취할 항목은 3~6번입니다. 실제로 네트워크를 사용하고 있는 사용자이므로 이 내용을 중점적으로 듣습니다. 이 부분을 정보 시스템 부서원에게 청취할 때도 있지만 결국 그 내용도 사용자에게서 온 것이므로 정확한 사실을 확인하기 어렵습니다. 실제로 현장에서 네트워크를 사용 중인 사람에게 확인하는 것이 요점입니다.

② 장치를 눈으로 점검

청취를 끝냈다면 이제부터는 보수 요원의 기술력을 보여줄 차례입니다. 그러나 콘솔 단말을 네트워크 기기에 연결해 키보드를 누르기 전에 해야 할 일이 있습니다. 작업하는 데 지장이 될 만한 것은 없는지 현장을 눈으로 점검해야 합니다.

최소한 아래의 항목을 확인합니다. 3~5번은 처음부터 운용 설계 단계에서 결정하는 것이 이상적입니다.

1) 기기의 전원은 들어왔는가?
2) 물리적인 LAN 배선에 문제는 없는가?
3) 콘솔 단말용으로 사용할 전원 콘센트가 작업 현장에 있는가?
4) 스위치에 빈 포트는 있는가?
5) 작업을 하는 데 필요한 도구는 준비돼 있는가?

1) 기기의 전원은 들어왔는가?

현장에 도착하면 가장 먼저 사용 중인 기기에 전원이 공급되고 있는지 확인해야 합니다. 지금까지는 정상적으로 작동했지만 갑자기 사용 불가능한 상태가 되었다는 사례가 가장 많습니다. 물리적인 배선이나 기기 설정이 잘 되어 있다고 해도 전원이 공급되지 않으면 통신할 수 없습니다.

아래의 현상은 사용자에게 가장 가까운 곳(예를 들어 층에 설치된 스위치)에서 많이 발생합니다. 구체적인 사례를 소개합니다.

- 기기의 전원 케이블이 반쯤 빠진 채로 연결되어 있다.
- 층의 레이아웃을 바꿀 때 전원 케이블이 빠졌다.
- 레이아웃을 바꾸고 나서 전원 공급을 잊었다.
- LAN 케이블을 바꿔 연결하려 하다가 전원 케이블이 빠졌다.

이처럼 사소한 장애가 의외로 많은 것이 현실입니다. 초심으로 돌아가 OSI 참조 모델의 레이어 1(물리 계층)부터 확인합니다.

2) 물리적인 LAN 배선에 문제는 없는가?

현장에 도착해서 한 가지 더 해야 할 일은 LAN 배선, 즉 물리적인 배선에 문제가 없는지 확인하는 것입니다. 아무리 기기의 설정이 정확하더라도 물리 계층에 문제가 있으면 통신할 수 없습니다. 이는 보수 요원에게 기본 중의 기본입니다. 케이블을 잘못 연결했는지, 케이블이 전부 또는 반쯤 빠져 있는지 등 눈으로 점검하는 것이 중요합니다.

눈으로 점검하는 건 누구나 할 수 있습니다. 콘솔 단말을 연결할 필요도 없고 현장에 도착해 곧바로 할 수 있는 작업입니다. 또한 보수 요원이 아니더라도 영업 혹은 보수 요원의 상사가 고객처에 인사차 방문했을 때라도 가능합니다.

반쯤 빠진 케이블의 원인으로는 아래와 같은 것들이 있습니다.

- 배선의 재시공 등으로 RJ-45 커넥터의 손잡이가 부러져 케이블이 반쯤 빠진 채로 연결되어 있다.
- LAN 배선을 시공할 때 당김으로 인해 다른 LAN 케이블에 부하가 가서 반쯤 빠졌다.

LAN 배선 작업을 마치면 반드시 모든 LAN 커넥터의 연결 상태를 다시 확인하도록 합니다. 장애를 미연에 방지할 수 있습니다. 고객에게 방문했을 때 실제 현장도 한번 살펴본다는 마음가짐을 가지면 좋겠습니다.

애플리케이션마다 서비스를 제공 WWW, 전자 메일 등	7	애플리케이션 계층
데이터를 통신에 적합한 형태로 변환 문자 코드, 압축 방식 등	6	표현 계층
연결의 확립과 종료	5	세션 계층
데이터를 통신 상대방에게 확실히 전달 TCP, UDP 등	4	전송 계층
주소 관리와 경로 선택 IP, 라우팅 등	3	네트워크 계층
물리적인 통신 경로의 확립 MAC 주소, 스위칭 등	2	데이터 링크 계층
커넥터 등의 형상과 전기 특성의 변환 UTP 케이블, 광 섬유 등	1	물리 계층

②그 후 상위 계층을 확인해나간다.

①보수 요원은 우선 여기를 확인

OSI 참조 모델

장애 진단 작업은 레이어 1(물리 계층)부터 조사하는 것이 철칙이다. 그 후 레이어 2, 레이어 3로 이어지듯이 상위 레이어를 차례로 조사한다.

3) 콘솔 단말용으로 사용할 전원 콘센트가 작업 현장에 있는가?

유지 보수 작업 시에는 콘솔 단말이 필요합니다. 그런데 콘솔 단말을 사용하기 위해서는 전원이 필요[3]합니다. 즉, 작업 현장에 전원 콘센트가 있어야 하므로 반드시 확인합니다. 이 역시 영업이나 보수 요원의 상사도 고객을 방문했을 때 확인할 수 있습니다.

또한 전원 콘센트를 빌릴 때는 반드시 사용해도 되는 곳인지 고객에게 양해를 구하고 사용합니다. '항상 여기를 썼으니까 괜찮을 것이다'라 생각하기보단 알고 있더라도 확인하는 것이 예의입니다.

콘솔 단말이 소비하는 전원 용량은 그렇게 크지 않지만 콘센트에 연결된 다른 기기에 영향이 가지 않도록 해야 하는 건 당연합니다.

현장속으로 전원 콘센트

전원은 장치의 가장 중요한 생명줄입니다. 전원 콘센트는 빈 곳만 확인하는 것이 아니라, 지금 반쯤 연결된 부분은 없는지도 확인해야 합니다. 주위에서 작업을 하다가 전원 케이블을 건드려 빠졌다는 사례도 자주 있습니다. 전원 플러그의 빠짐 방지 도구를 사용해 전원 케이블을 실수로 빼는 일이 없도록 하는 것이 현장의 철칙입니다.

---

4) 스위치에 빈 포트는 있는가?

보수 요원이 Ping 테스트나 각 장치에 원격 접속을 할 때는 네트워크에 연결해야 합니다. 네트워크에 연결할 때는 스위치에 빈 포트가 있어야 합니다. 유지 보수용 포트를 사용할 수 있도록 미리 정보 시스템 담당자와 상의합니다.

이러한 운용 규칙은 운용 및 유지 보수 단계에 들어가기 전에 고객과 상의해 결정합니다.

현장속으로 유지 보수용 포트

유지 보수용 포트는 운용 및 유지 보수 단계에 들어가기 전에 고객과 상의해서 결정하는 것이 현장의 철칙입니다. 유사시에는 한순간이라도 빨리 장애 대응을 해야 합니다. 예를 들면 24포트 스위치의 23번, 24번 포트는 유지 보수용으로 두고 업무용으로는 사용하지 않는 등의 운용 설계를 해야 합니다. 장애가 발생하고 나서 고객에게 그때마다 확인한다면 복구 시간을 낭비하게 됩니다.

3　[옮긴이] 이런 경우를 대비해 USB-PD가 지원되는 노트북이라면 보조 배터리나 멀티탭을 휴대하는 경우도 있습니다.

5) 작업을 하는 데 필요한 도구는 준비돼 있는가?

실제 작업을 하는 데 필요한 도구는 준비돼 있는지 반드시 확인합니다. 이는 영업이나 고객이 할 수 있는 일은 아니며 보수 요원이 항상 의식해야 합니다. 예를 들어 콘솔 단말은 물론이며 현장에 휴대해야 하지만 잊어버리기 쉬운 콘솔(시리얼) 케이블, LAN 케이블, 작업 절차서 등입니다. 작업 현장에 둘 수도 있지만 대부분은 분실해버립니다. 현장에 있는지 불분명할 때는 '없는 것'이라 생각하고 반드시 휴대하도록 유의합니다.

현장속으로 연결 시 주의점

최근에는 부정한 단말을 탐지하는 장치를 도입한 사례도 많아서 네트워크에 미등록된 PC를 연결하면 경보가 울리게 됩니다. 사전에 고객과 확인해 PC를 등록하거나 이미 등록된 PC를 가져가도록 합니다. 가져갈 PC는 매번 등록할 필요가 없게끔 고정화하면 좋습니다.

현장에 나가기 전에

이미 설명했듯 작업에 필요한 도구를 사전에 준비해두는 것이 바람직합니다. 여기서 다시 한번 정리해봅니다.

- 콘솔 단말
- 설정 문서
- 설정 데이터
- 콘솔(시리얼) 케이블
- UTP 케이블
- 공구류, 작업 보고서
- 네트워크 구성도
- 작업 절차서 등

고객과 운용 방법을 정해 도구를 항상 현장에 두는 경우도 있습니다. 그러나 위와 같은 도구는 되도록 직접 휴대하도록 유념합니다.

또한 장치에서 주고받는 패킷을 수집하는 경우도 고려해 PC에 LAN 분석기를 설치해둡니다.

현장속으로 작업용 도구의 현장 보관

작업용 도구나 절차서는 현장에 보관하는 것이 좋습니다. 그 이유는 긴급하게 현장 출동할 때 빈손으로 갈 수 있기 때문입니다. 이런 형태로 운용 방법을 정하는 것이 바람직합니다.

한편 분실 위험도 있습니다. 정보 유출은 막아야 하므로 보안성이 좋은 장소에 보관하는 것이 전제 조건입니다. 특히 여러 업자가 출입하는 데이터 센터라면 케이블을 스위치에 연결한 채로 두거나 문서류를 장치에 가까운 곳에 두는 행동은 금물입니다.

장치를 설치할 환경의 주의 사항

장치를 설치할 장소가 적절한지 사전에 확인합니다. 라우터, L2 스위치, 서버 등의 설치 위치나 실내 레이아웃에 대한 내용을 구축 단계에서부터 고객 담당자와 자주 상의해야 합니다.

유지 보수 작업용 공간을 충분히 확보하기

장치 설치는 그저 두기만 하면 끝이 아닙니다. 만약 장치와 벽의 거리가 가까우면 아래와 같은 작업을 할 수 없어 문제가 발생합니다.

- 장치의 LED 램프 표시를 확인할 수 없다.
- 장치 교환 작업이나 설정 작업을 할 수 없다.
- 케이블 배선을 할 수 없다.
- 고정 자산 번호 스티커를 확인할 수 없어 재고 조사를 할 수 없다.

또한 장치를 설치할 장소 주변에 상자나 짐을 두지 않도록 합니다. 짐이 있다면 작업할 장치 앞에 다가갈 수조차 없다는 건 논외 사항입니다.

장치의 온도 상승을 회피하기

장치의 온도 상승에 대한 고려도 필요합니다. 오늘날에는 여러 기기나 서버를 조합해 네트워크를 구축하고 있기에 단독일 때에 비해 온도도 상승하기 쉬워졌습니다. 간단히 실시할 수 있는 대표적인 온도 대책 방법을 아래에 나타냅니다.

- 벽에서 떨어진 곳에 설치한다.
- 직사광선이 닿는 장소는 피한다.
- 공조 환경이 좋은 장소에 설치한다.

우선 벽에서 떨어진 곳에 설치하는 것은 장치의 냉각 팬의 통기성을 좋게 하기 위함입니다. 벽과 장치가 밀접하면 통기성이 나빠져 온도가 상승하는 원인이 됩니다. 장치에 내장된 팬의 위치를 파악해 설치할 방향을 충분히 고려합니다.

다음으로는 직사광선이 닿는 장소는 피해야 합니다. 예를 들면 창 쪽은 온도가 상승하기 쉬우므로 절대로 설치해서는 안 됩니다.

마지막으로 공조 환경이 좋은 장소에 설치하는 것으로, 셋 중 가장 좋은 방법입니다. 공조 환경이 좋은 장소란 데이터 센터나 전산실을 말합니다. 온도가 일정하게 관리되어 장치를 안정된 상태에서 가동할 수 있습니다.

✓ **실무포인트**

자주 있는 장애 사례

1) 통신 사업자 내의 장애
네트워크 기기의 장애 대응을 위해서 현장에 들어가 장애를 진단했더니 거점 간을 연결하는 통신 사업자 쪽 (WAN 회선)의 장애가 원인이었다는 사례입니다.

2) 건물 정전
네트워크 기기를 감시해 장애를 탐지하여 장애 진단 작업을 했는데 건물 정전으로 네트워크 기기가 다운되었다는 상황은 자주 있는 사례입니다. 보수 요원은 고객이 계획된 정전이 있다는 사실을 미리 알려주면 좋겠다고 생각할 것입니다. 이처럼 계획된 정전이 있을 때는 미리 정보를 알려주는 등 고객과의 규칙을 정합니다.

3) 통신 케이블이 빠져 있었다.

라우터나 스위치를 연결하는 UTP 케이블, ONU를 연결하는 케이블 등이 빠져 통신이 단절되는 경우가 자주 있습니다.

4) 전원 케이블이 빠져 있었다.

레이아웃을 변경하거나 네트워크 기기가 설치된 주변을 정리할 때 다른 케이블이 엉켜서 네트워크 기기 등의 전원 케이블이 빠지는 사례가 자주 있습니다. 또한 전원 콘센트를 실수로 바꿔 연결하거나 전원 케이블을 빼버리는 사례도 자주 있습니다.

5) 낙뢰에 의한 전원 고장

번개에 의한 전원 계통 부품의 손상도 있습니다. 낙뢰 시기일 때 장소에 따라서는 장애 건수가 증가하는 경우도 있으므로 주의가 필요합니다. 보수 요원이라면 일기 예보도 항상 파악해야 합니다.

6) 전원 고장

정전 후에 전원이 복구될 때 과전류가 흘러 전원 계통이 고장 나는 경우가 있습니다. 정전이 발생했다면 일단 기기의 전원을 끄고, 전원이 복구된 후에 다시 켜는 것이 원칙입니다.

7) 온도 이상

기기의 설치 환경에 따라서는 고온 다습해지는 사례도 있습니다. 기기를 설치할 환경은 반드시 제조사가 지정하는 환경 조건을 준수합니다.

기기에 내장된 팬이 고장 나서 기기의 온도가 상승하는 경우도 있습니다. 평상시에 기기의 상태를 확인하는 것이 중요합니다.

설치 장소에 있는 먼지로 인해 팬이 더러워져 팬 자체의 냉각 성능이 떨어지는 경우도 있습니다. 또한 이 경우의 대처법으로는 아주 간단한데 브러시 등으로 먼지를 털어 내는 것입니다. 단, 이 청소 작업은 근본적인 해결법은 아니므로 설치 환경을 데이터 센터나 전산실로 옮기도록 합니다.

8) IP 주소 중복

PC에서 사용하는 IP 주소가 중복되어 통신할 수 없는 경우도 있습니다. 지정한 IP 주소만을 사용자가 사용하도록 정보 시스템 부서의 통제가 필요합니다.

9) UPS 고장

UPS(무정전 전원 장치)에 내장된 배터리의 열화나 파손에 의해 전원 공급이 중지되는 경우가 있습니다. 배터리는 소모품이므로 정기적으로 확인하며 예방 및 교환을 하도록 유념합니다.

네트워크의 어디에 장애가 있는가?

실제로 하는 **장애 대응**은 네트워크 전체의 어느 부분에서 장애가 발생했는지 파악하는 것부터 시작합니다.

우선은 대략적으로 분류하는 것이 골자입니다. 예를 들면 아래 세 가지로 분류합니다.

    1) 통신 사업자의 망내 장애(WAN)

    2) 구내 네트워크 장애(LAN)

    3) 네트워크 품질 문제

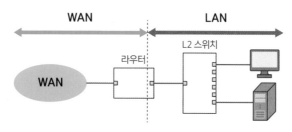

네트워크 장애는 어디에서 발생했는가?

통신 사업자의 망내 장애

통신 사업자의 망내 장애는 네트워크 전체로 보면 WAN 부분의 장애입니다. KT, LG, SKB와 같은 통신 사업자 내의 설비 장애입니다.

통신 사업자 내의 설비에 장애가 일어나는 장소는 대략적으로 두 곳으로 나눌 수 있습니다.

- 통신 사업자 구역 내
- 고객 구역

'**통신 사업자 구역 내**'는 고객에게 통신 서비스를 제공하기 위한 네트워크 설비를 수용하는 장소입니다. 즉, 통신 서비스를 제공 중인 모든 고객의 통신 데이터가 집중된 장소입니다.

한편 '**고객 구역**'는 실제로 통신 사업자로부터 서비스를 받는 고객의 빌딩 내를 말합니다. 고객 구역에는 통신 사업자의 구역과 연결하기 위한 라우터(액세스 라우터라고도 합니다)가 설치됩니다. 여기까지가 WAN입니다.

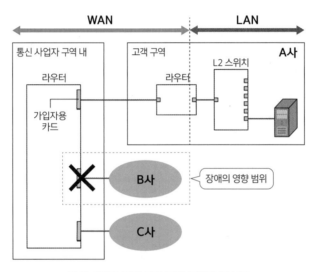

통신 사업자 구역 내와 고객 구역의 구성도

WAN 쪽의 장애는 앞서 언급했듯 '통신 사업자 구역 내'와 '고객 구역' 중 어느 쪽에서 일어났는지에 따라 장애의 영향도가 다릅니다.

고객 구역의 라우터라면 그 영향 범위는 해당 고객에만 미칩니다. 한편 통신 사업자 구역 내의 설비에 문제가 있다면 다른 고객에게도 영향이 미칩니다. 그러나 통신 사업자 구역 내의 설비라도 설비의 일부인 설비의 카드(**가입자용 카드**라고도 합니다)에만 생긴 장애라면 영향 범위는 해당 고객에만 미칩니다. 즉, 고객 구역의 라우터에 장애가 생겼을 때와 같은 영향 범위를 갖습니다.

통신 사업자 내의 설비 장애

통신 사업자 내의 설비 장애는 본인과는 별로 관계없는 일이라 생각하는 독자도 있을 수 있겠습니다. 그러나 WAN 쪽의 장애를 단순히 통신 사업자 쪽의 회선 장애로 인식하는 것과 통신 사업자 내의 어떤 장애였는지 의식하는 것에는 큰 차이가 있습니다.

통신 사업자 내의 어떤 장애였는지를 의식함으로써 복구 시간을 가늠할 수 있습니다. 만약 통신 사업자 설비가 다운된 경우는 다른 회사도 통신할 수 없으므로 반나절이나 하루 종일 네트워크 복구의 가능성은 보이지 않는다고 보면 되겠지요. 한편 가입자용 카드의 장애라면 카드 교환만으로 대처할 수 있습니다. 몇 시간만 있으면 복구될 것이라 예측할 수 있기에 복구될 때까지 기다린다는 선택지도 있을 수 있습니다.

통신 사업자 내의 설비는 WAN 쪽의 얘기이므로 좀처럼 보이지 않는 부분이지만 정보 시스템 부서에서도 WAN 쪽의 장애 원인이 무엇이었는지 파악해둘 필요가 있습니다.

구내 네트워크 장애

구내 네트워크 장애는 네트워크 전체로 보면 LAN 부분의 장애입니다. 바꿔 말하면 고객 구역의 설비 장애입니다.

고객 구역에는 라우터(액세스 라우터)가 설치되는데 라우터의 LAN 쪽 포트 이후가 LAN입니다(161쪽 참고).

액세스 라우터 이후, 즉 LAN의 중심이 될 장치는 스위치이며, 스위치 중심에는 각종 서버나 PC가 다수 존재합니다. 대규모 네트워크쯤 되면 그야말로 무수하다고 할 정도입니다.

최근엔 네트워크 기기와 서버, 다양한 애플리케이션이 연계되어 네트워크 시스템으로서 가동되고 있어 장애 진단도 복잡합니다. LAN의 장애도 장애 위치에 따라 그 영향도가 다릅니다.

스위치 포트만의 장애라면 그 포트에 연결된 기기만 영향을 받습니다. 그러나 스위치의 인터페이스 카드(모듈이라고도 합니다) 장애라면 영향 범위는 더 커집니다. 게다가 스위치 본체의 장애라면 경우에 따라서는 해당 거점의 모든 부분에 영향을 미칠 수 있습니다.

스위치나 PC의 인터페이스 등의 기기 불량만이 아닌 연결된 케이블의 불량이 원인이 되는 경우도 있습니다.

케이블의 불량에는 단선 등 케이블 자체의 불량과 케이블을 반쯤 연결하는 등 연결 불량에 의한 것이 있습니다. 고객이 스위치에 케이블 양쪽을 연결해 루프를 발생시키는 장애 사례도 드물지 않은데, 예를 들어, 자신이 사용 중인 케이블을 다른 사람이 사용하는 것을 싫어해 스위치에서 나와 있는 케이블의 다른 한쪽(원래는 PC에 연결할)을 스위치에 연결하는 사례도 있습니다.

또한 장애가 발생했을 때는 곧바로 기기를 조작하기보단 먼저 고객에게 의견을 청취하는 것이 중요함을 앞 절에서 설명했습니다. 장애가 발생한 전후로 무엇이 있었는지(누가 무엇을 했는지만이 아닌 출근 시간이나 퇴근 시간, 근무 시간 중의 고객 행동도 포함해) 시간순으로 파악해 정리하고 분석해야 합니다.

청취가 끝나 현장을 눈으로 점검하고 난 후의 장애 진단 작업에 자주 쓰이는 방법으로는 'ICMP에 의한 통신 확인'과 '인터페이스의 상태 확인'이 있습니다.

ICMP에 의한 통신 확인

네트워크에 있는 기기 또는 PC에서 'ping 명령어'를 사용해 통신 가능한 범위를 확인할 수 있습니다. 이를 통해 장애가 의심되는 부분을 특정할 수 있습니다. 또한 장애 대응 시에는 네트워크 구성도나 도입 시의 시험 성적서가 필요합니다.

✓ **실무포인트**

ICMP에 의한 통신 확인

장애 대응은 원상 복구가 목적입니다. 지금까지 통신 사업자망 내의 장애나 구내 네트워크 장애를 설명했는데, 운용 단계에 들어가면 가장 골칫덩어리인 것이 바로 다음 절에서 설명할 네트워크 품질 문제입니다. 이는 네트워크 구성도를 보면서 ping 명령어 등을 입력해 반응을 확인해 진단해 나가야 합니다. 필요한 것은 무엇이 좋고 좋지 않은지를 정하는 기준입니다. 당연하지만 다른 네트워크의 반응을 기준으로 하는 것은 불가능합니다. 구축 시의 시험 성적서와 비교하는 것이 가장 이상적입니다.

그런데 네트워크도 생물과 마찬가지로 시간이 지남에 따라 이용자가 늘어나 네트워크 트래픽이 늘어납니다. 당연히 반응이 안 좋아지는 것은 예측할 수 있습니다. 예를 들어 월 단위로 반응을 측정해 데이터로 남겨두어 네트워크 품질 문제가 발생했을 때의 판단 기준으로 사용하는 것이 운용 단계에서는 중요합니다. 이 작업은 구축하는 사람이 아닌 현재 운용 및 유지 보수를 하고 있는 사람만 가능합니다. 평상시에 이런 작업을 꾸준히 한다면 네트워크 장애의 원인을 조기에 규명할 수 있습니다.

인터페이스의 상태 확인

네트워크 기기의 **인터페이스의 상태를 확인**하는 것은 장애 위치를 발견하는 실마리가 됩니다. 해당 인터페이스에서 에러가 많이 발생했거나 원래는 업(활성) 상태여야 할 인터페이스가 다운(비활성)되어 있을 때는 인터페이스 또는 해당 인터페이스에 연결된 회선에 장애가 있을 수 있습니다.

네트워크 품질 문제

네트워크 품질 문제란 사용자의 말을 빌리자면 '네트워크 자체는 사용할 수 있지만 평상시와는 조금 다르다'와 같은 것입니다. 네트워크 관리자에게는 가장 성가신 장애 신고 내용입니다. 지금까지 설명한 '통신 사업자 망내 장애', '구내 네트워크 장애'와 달리 '통신할 수 있다/없다'처럼 확연하지 않기 때문입니다. 게다가 '가끔은 통신할 수 있다/없다'처럼 불안정한 요소가 추가되면 더 성가십니다.

IP 전화의 음성을 예시로 들면 다음과 같은 다양한 문제가 있습니다.

전화는 걸리지만…

- 음성이 '툭툭' 끊긴다.
- 음성에 노이즈가 있어 듣기 어렵다.
- 음성 지연이 일어난다.
- 에코 현상이 일어난다.

그 밖에도 다음과 같이 사용자의 주관에 의한 내용도 증가 경향을 보입니다.

- 어떤 시간대의 통신이 느리다.
- 특정 통신만이 느리다.
- 아까보다 느려졌다.

그러나 현실적으로는 이런 **네트워크 품질에 관련된 장애가 대부분입니다.** 오늘날에는 네트워크 기기, 서버의 신뢰성 및 스펙이 향상되어 단독으로 작동할 때는 문제가 없어지고 있기 때문입니다. 게다가 오픈화가 진행 중인 현재에는 네트워크 기기 간의 연계, 서버나 애플리케이션과의 연계 등 네트워크 시스템을 전체에 도입하는 사례가 대부분이라 네트워크 시스템의 품질에 연관된 문제는 앞으로도 점점 많아질 것입니다.

이때 위력을 발휘하는 것이 LAN 분석기입니다. LAN 분석기는 네트워크를 통과하는 트래픽을 감시하거나 정보 수집을 하기 위한 장치입니다. 가장 큰 용도는 수집한 정보를 분석해 장애의 근본적인 원인을 해결하는 것입니다.

▶▶ LAN 분석기는 5-9절에서 설명합니다.

그 밖의 문제

현실에는 지금까지 살펴본 문제 외에도 많은 문제가 있습니다. 누구나 네트워크를 사용하며 네트워크에 의존하는 지금과 같은 시대엔 새로운 문제도 생기고 있습니다. 가장 머리를 아프게 하는 건 보안에 관련된 문제입니다. 예를 들어 사내에서 허가받지 않은 PC(개인의 PC 등)를 기업 네트워크에 무단으로 연결해 바이러스를 퍼트리는 등의 사례입니다. 보수 요원으로서 콘솔 단말이 바이러스에 감염되어 고객 네트워크를 감염시키는 사태는 피해야 합니다. 만일 이런 사태가 일어나면 당연히 고객의 신뢰를 잃게 되며 앞으로의 사업에도 영향을 미칩니다. 그 밖에도 부정한 접근에 의한 기밀 정보의 유출도 위험으로 생각해야 합니다.

네트워크 시스템의 장애

대략적으로 장애 위치를 골라냈다면 그다음 단계로는 **네트워크 시스템의 장애**인지 **장치의 장애**인지를 진단합니다. 이 흐름이 일반적입니다.

여기서 말하는 네트워크 시스템의 장애란 **네트워크 기기 간의 궁합**이나 **네트워크 시스템의 전체적인 설계 문제**를 말합니다. 예를 들어 다음은 실제 현장에서 자주 있는 사례입니다.

- 같은 제조사의 제품 간에는 서로 연결할 수 있는데 다른 제조사의 제품과는 연결이 잘 되지 않는다.
- 다양한 제품을 조합해서 네트워크를 구축해 도입 당시는 문제없이 통신했는데 반년 정도 지난 시점부터 반응 속도가 느려졌다.

어느 쪽이든 개별 제품의 문제가 아닌 네트워크 시스템의 전체적인 설계 문제입니다. 네트워크 기기도, 서버의 OS도 오픈화된 현재에는 단일 제조사의 기기로 구성된 네트워크 시스템은 드뭅니다. 이러한 장애를 미연에 방지하는 것이 중요합니다.

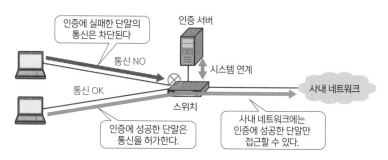

네트워크 기기와 인증 서버의 연계

이처럼 장치가 연계되어 서비스를 제공할 때는 궁합의 문제도 일어날 수 있다.

현장속으로 네트워크 시스템 도입 후의 반응 속도

현장에 자주 있는 현상으로 '도입 당시에는 문제없이 통신했지만 최근에는 아무래도 반응이 느려졌다'와 같은 내용으로 고객과 특히 다투게 됩니다.

발주한 쪽에서는 도입 당시에 엔지니어가 네트워크를 통과하는 시스템에 대해 사용자로부터 청취를 통해 요건을 확인했다면 트래픽의 증대를 미연에 막을 수 있었다고 생각하는 사람도 있을 수 있습니다.

한편 수주한 엔지니어 쪽에서는 애당초 사용자가 이용할 통신 요건을 당시엔 다 결정하지 못했는데 서비스 개시의 기한은 정해져 있기에 그 시점의 청취 내용으로 설계한 네트워크를 도입했다는 사례는 자주 있습니다.

이 사례의 해결책은 구축 단계에서 요건 정의서를 정식으로 만들어 이해관계자끼리 합의하는 것입니다. 요건 정의서에는 고객의 이용 목적, 이용할 통신은 무엇인지, 언제부터, 어느 정도의 트래픽을 예상하는지를 정의해 일단 해당 시점에서 요건을 구분합니다. 요건에 없었던 통신은 방화벽에서 제한을 걸어 불필요한 트래픽은 차단합니다.

그 후에 운용 및 유지 보수 단계에 들어가 정의되지 않은 요건이 발생했을 때는 그때마다 통신 요건의 변경으로 취급해 새로이 요건을 추가하거나 변경을 실시한다는 규칙이나 프로세스를 정합니다. 물론 네트워크에 어떤 트래픽이 흐르고 있는지를 감시하며 추적하는 것도 현장의 철칙입니다.

5-8 장애 대응
장치 고장의 대응

장애 진단 작업으로 **장치의 장애**임이 판명됐다면 해당 장치에 대응합니다.

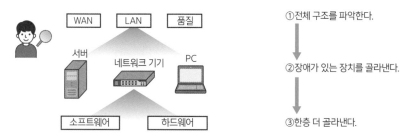

①전체 구조를 파악한다.

②장애가 있는 장치를 골라낸다.

③한층 더 골라낸다.

WAN LAN 품질

서버 네트워크 기기 PC

소프트웨어 하드웨어

장애 위치를 골라내는 흐름

여기서 중요한 것은 장치의 장애라 판단해 진단 작업을 중단하지 말고 한층 더 파고들어야 합니다. 장치의 장애도 다음과 같이 크게 두 가지로 나눌 수 있기 때문입니다.

● 하드웨어 장애
● 소프트웨어 장애

그렇다면 왜 장애 위치가 '하드웨어인지', '소프트웨어인지'까지 판단해야 할까요? 엔지니어로서 가장 주의해야 할 점은 단순히 장치의 장애라고 단정지어 기기를 교환하는 것입니다. **물론 기기를 교환해 장애가 복구되는 일은 많지만 그래서는 진정한 문제 해결을 할 수 없습니다.** 장애의 원인을 특정한 후 대응하지 않는다면 장애의 원인이 제거되지 않았기에 재발할 수도 있으며 특히 소프트웨어의 문제(버그)라면 시간이 지남에 따라 반드시 같은 장애가 발생하기 때문입니다.

하드웨어 장애

네트워크 기기나 서버의 **하드웨어 장애**로는 팬, 전원, 하드디스크의 고장이 일반적입니다. 이런 경우는 현장에서 부품을 교환해 바로 복구할 수 있습니다. 고장 난 부품은 제조사에서 수리하게 됩니다.

또한 소형 라우터 등 부품 자체가 모듈화되지 않은 장치와 일체형 제품이라면 장치 자체를 교환합니다.

아래는 현장에서 확인해야 할 부분입니다.

- 램프의 상태(램프의 상태가 평상시와 같은지)
- 팬이 작동하고 있는지(소리가 나는지 안 나는지)
- POST(Power On Self Test: 하드웨어 진단 프로그램)에 오류 표시가 없으며 장치가 정상적으로 기동되는지

만약 위의 사항에 문제가 있다면 장치의 하드웨어 자체에 문제가 발생했을 가능성이 있습니다. 또한 상태 확인을 유연히 하기 위해서라도 **평상시에 정상일 때의 램프 표시를 파악해**둬야 합니다.

하드웨어 문제라 판단되면 아래와 같이 대처합니다.

대체 기기를 수배해 교환 작업을 실시한다

하드웨어를 교환해야 할 경우 대체 기기를 수배합니다. 대체 기기가 현장에 도착하면 개봉해 장치 교환 작업을 실시합니다.

또한 장치를 포장했던 상자에서 장치는 물론이며 액세서리(비품)도 꺼냅니다. 현장에서 사용하지 않았던 물품(랙 마운트 킷, 나사 등)이 있을 때는 고객에게 보고한 후 현장에 보관합니다.

장치를 기동하기 전에

장치 교환 작업을 마쳤다면 장치를 기동하기 전에 최소한 아래 사항들을 확인합니다.

- **전원 콘센트에 전원 케이블을 연결할 준비를 마칠 것**

  전원 용량이나 전원 콘센트의 길이에 주의해야 합니다.

- **콘솔 단말과 장치 본체가 케이블을 통해서 연결되어 있을 것**

  연결해도 반응이 없을 때는 케이블의 스트레이트, 크로스 또는 기기 전용의 콘솔 케이블을 잘못 연결했을 가능성이 있습니다. 전용 콘솔 케이블인지 재차 확인합니다.

- **단말의 터미널 소프트웨어가 제대로 설정되어 있을 것**

  콘솔 단말에서 반응이 없을 때나 문자가 변형되어 표시될 때는 터미널 소프트웨어의 설정(통신 속도[4] 등)을 잘못했을 가능성이 있습니다. 기기에 지정된 값을 바르게 설정합니다.

- **터미널 소프트웨어에서 로그를 수집하기 위한 설정을 마칠 것**

  콘솔 단말에서 사용하는 터미널 소프트웨어의 로그 기능을 반드시 활성화해 작업하는 것이 보수 요원의 철칙입니다.

이 중에서도 특히 중요한 것은 로그 수집의 설정입니다. **아무리 사소한 작업이라도 반드시**

---

4   [옮긴이] 시리얼 콘솔의 속도는 보통 9,600bps지만 장치에 따라서는 115,200bps인 경우도 있습니다.

로그를 수집하도록 합니다. 어떤 장애가 발생했을 때 로그는 복구를 위한 중요한 실마리가 되며, 제조사에 장애 분석을 의뢰할 때도 필요한 정보가 됩니다. 나아가서는 자신이 작업 실수를 하지 않았음을 증명하는 중요한 증거가 됩니다.

또한 장치에 따라서는 로그를 수집하기 위한 충분한 하드웨어(플래시 메모리)가 없기도 하며, 특히 네트워크 기기가 그렇습니다. 장치 고유의 명령어를 사용해 메모리(RAM)에 있는 로그 정보를 볼 수 있는 정도입니다. 따라서 로그는 콘솔 단말의 터미널 소프트웨어로 수집해야 합니다.

▶▶ 터미널 소프트웨어로 로그를 수집하는 방법은 부록에서 소개합니다.

✅ 실무포인트

안전하게 작업하기 위한 주의 사항

작업의 안전을 확보하기 위해 아래 주의 사항을 철저히 준수합니다.

낙하 사고를 방지하기 위해 장치의 설치나 제거 작업은 여러 명이서 한다.
예를 들어 19인치 랙에 장치를 설치하는 작업 등입니다. 특히 무거울 때는 주의가 필요합니다. 허리를 다치지 않도록 반드시 여러 명이 함께 작업을 실시합니다.

장치의 케이스를 여는 작업을 할 때는 장치의 전원을 내린다.
실수로 전원 버튼을 누르지 않도록 전원 케이블도 제거합니다.

전원 부품을 교환할 때는 사전에 장치의 전원 케이블을 제거한다.
부품을 교환할 때 방해가 되지 않도록 불필요한 것은 제거하고 작업합니다. 또한 실수로 다른 부품이나 장치를 교환하지 않도록 테이프 등으로 구분합니다(사진 참고).

작업할 때는 장치 본체에 걸릴 만한 옷이나 귀금속은 착용하지 않는다.
정전기를 방지하는 작업복을 착용해 작업하는 것이 철칙입니다.

전원 케이블의 문어발 배선이나 불안정한 바닥에 장치를 설치하지 않는다.
문어발 배선에 의한 화재나 케이블이 빠지는 문제를 방지합니다.

구분 예시

제거한 모듈이나 메모리는 먼지나 정전기가 없는 장소에 보관한다. 정전기 방지 봉투가 가장 좋다.

다음에 다시 사용하기 위해서라도 보관에는 충분히 주의합니다.

작업은 먼지가 적은 청결한 환경에서 하며 작업 후에도 청결한 환경을 유지한다.

모듈이나 각종 내부 메모리(플래시 메모리 등)를 다룰 때는 장갑을 착용해서 전자 부품(IC 칩), 기판, 커넥터 핀 등에 직접 닿지 않게 합니다. 또한 커넥터 핀을 구부리지 않도록 다뤄야 합니다.

소프트웨어 장애

소프트웨어 장애란 **소프트웨어의 버그**를 말합니다. 네트워크 기기든 서버든 하드웨어만으로는 작동하지 않습니다. 항상 하드웨어 위에서 소프트웨어가 가동되고 있습니다. 시스코 사의 제품이라면 IOS(Internetworking Operating System)가 소프트웨어에 해당합니다.

소프트웨어 장애는 바로 고쳐지지 않는다

소프트웨어 장애, 즉 소프트웨어의 버그인 경우라면 바로 복구할 수 없습니다. 수정 내용에 따라 다르지만 몇 주나 길게는 몇 개월, 혹은 다음에 소프트웨어가 출시될 때까지 기다려야 합니다. 그동안은 장치 설정이나 기기 구성을 변경하는 식으로 잠정적인 대처(워크어라운드)를 하는 것이 일반적입니다.

워크어라운드는 어디까지나 잠정적인 조치로, 실제 운용에 대한 영향을 경감하기 위한 조치에 지나지 않습니다. 최종적으로는 정식 출시된 소프트웨어로 업그레이드(개선 작업이라고도 합니다)함으로써 마칩니다.

장애의 원인이 하드웨어인지 소프트웨어인지 구분할 수 없을 때

현실적으로 소프트웨어는 눈에 보이지 않으므로 하드웨어 장애인지 소프트웨어 장애인지 구분할 수 없을 때가 있습니다.

그때는 제조사에 분석을 의뢰하게 되는데 분석에 필요한 정보를 수집해야 합니다. 필요한 정보는 상황에 따라 다르지만 특히 아래 사항들은 장애 상황에 관계없이 수집하도록 합니다.

1) 현장의 장소, 설치 환경
2) 장치 도입 시기
3) 장치명, 일련번호
4) 소프트웨어 버전 정보
5) 설정 정보
6) 네트워크 구성도
7) 현상 재발 빈도
8) 장애 로그 정보

현장속으로 장애 시의 대비가 복구 작업을 단축시킨다

앞의 1~6번은 1-4절에서 설명했듯 구성 관리가 제대로 되어 있다면 곧바로 제조사에 전달할 수 있습니다. 일상적인 운용 업무를 묵묵히 잘 수행 중이라면 유사시에도 당황하지 않을 수 있습니다. 가장 중요한 7, 8번에 주력할 수 있는 상태를 항상 유지하는 것도 네트워크 운용 관리자의 중요한 역할입니다.

5-9 — 장애 대응 — 네트워크 기기의 유지 보수

기본적인 복구 절차

네트워크 기기를 유지 보수할 때의 복구 절차는 크게 다음과 같습니다.

1) 정보를 수집해 분석한다
2) 업무에 주는 영향을 줄이기 위해 임시로 복구한다
3) 완전히 복구한다

1) 정보를 수집해 분석한다

정보를 수집해 분석하는 방법은 크게 두 가지가 있습니다.

① 네트워크 기기에 저장된 로그 정보를 수집한다
② 네트워크에 흐르는 프레임을 통해 정보를 수집한다

우선 '네트워크 기기에 저장된 로그 정보를 수집'합니다. 구체적으로는 네트워크 기기의 메모리 안에 저장된 로그 정보를 분석해 장애 원인을 특정합니다.

이렇게 해도 분석이 불가능하거나 정보가 부족할 때는 '네트워크에 흐르는 프레임을 통해 정보를 수집'하는 단계로 넘어갑니다.

■ 스위치에 흐르는 프레임을 통해 정보를 수집하는 방법

네트워크에 흐르는 프레임을 통해 정보를 수집하는 방법으로는 **LAN 분석기**(앞으로 분석기라고 합니다)를 이용하는 방법이 있습니다. 이를 위해서는 분석기를 연결할 스위치에서 간단한 설정이 필요합니다. 단순히 분석기를 네트워크에 연결해서는 작동하지 않습니다.

이 기능은 일반적으로 **포트 미러링** 혹은 포트 모니터링이라 부르며, 스위치에 연결된 분석기(분석기를 설치한 PC 등)로 다른 포트의 트래픽을 복사해서 송신합니다. 이 복사된 트래픽의 프레임을 분석함으로써 스위치 내의 통신 상황을 조사할 수 있습니다.

스위치에 이러한 특별한 정보 수집의 수단이 필요한 이유는 스위치에서는 최소한의 포트에만 트래픽이 흐르기 때문입니다.

■ 스위치가 아닌 단순한 허브라면…

그렇다면 네트워크 기기가 스위치가 아니라 단순한 허브(리피터 허브)라면 어떨까요? 다음 그림처럼 리피터 허브로 연결된 네트워크 환경을 살펴보겠습니다.

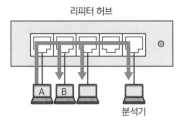

분석기를 리피터 허브에 연결했을 때
리피터 허브는 모든 포트에 데이터가 흐르기 때문에 어느 포트에서도 통신 상황을 조사할 수 있다.

단말 A에서 단말 B로 보내진 트래픽을 분석기로 캡처할 때 분석기는 어느 포트에 연결해도 상관없습니다. 리피터 허브는 어떤 포트에서 수신한 프레임도 다른 모든 포트로 그대로 전송하기 때문에 리피터 허브의 어느 포트에서도 통신 상황을 볼 수 있기 때문입니다. 즉, 리피터 허브를 사용하는 한 앞서 말한 포트 미러링과 같은 특별한 기능은 필요하지 않습니다.

■ 스위치에는 특별한 설정이 필요

스위치일 때는 어떨까요? 스위치는 수신한 프레임 안의 목적지 MAC 주소를 확인하고, 해당 목적지가 연결되어 있는 포트에만 프레임을 전송합니다.

다음 그림을 보면 단말 A에서 단말 B로 데이터(유니 캐스트)를 보낼 때 단말 B가 연결된 포트로만 데이터가 전송됩니다. 같은 스위치 내의 포트 5번에 연결된 분석기에는 프레임이 전송되지 않습니다. 따라서 이대로는 분석할 프레임이 분석기에서는 보이지 않아 스위치

내의 통신 상황을 알 수 없게 됩니다.

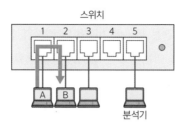

분석기를 스위치에 연결했을 때
스위치는 목적지 포트에만 데이터를 보내기 때문에 다른 포트에서는 통신 상황을 알 수 없다.

이 문제를 앞서 설명한 포트 미러링으로 해결할 수 있습니다. 포트 미러링은 스위치에 흐르는 트래픽을 복사해 지정한 포트로 보냅니다. 다음 그림은 포트 1번(단말 A가 연결된 포트)과 포트 5번(분석기가 연결된 포트)에 포트 미러링이 설정된 예시를 나타냅니다. 이로써 포트 1번을 통과하는 트래픽이 포트 5번에 복사되기에 분석기로 프레임을 분석할 수 있게 됩니다.

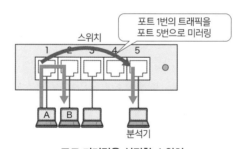

포트 미러링을 설정한 스위치
포트 미러링을 통해 지정한 포트로 데이터를 복사해 통신 상황을 알 수 있게 된다.

2) 업무에 주는 영향을 줄이기 위해 임시로 복구한다

네트워크에서 **임시 복구**(잠정 복구라고도 합니다)란 완전 복구(원래 상태로 되돌리는)까지는 아니어도 **네트워크를 일부분이라도 이용할 수 있게** 하는 것입니다. 사용자가 우선적으로 복구를 요청하는 업무, 즉 중요하면서 업무에 영향이 큰 네트워크 경로를 확보합니다. 예를 들어 기간 시스템이나 메일 등의 실제 업무와 관련된 경로는 확보하면서 교육용 웹서버 통신 등 긴급하지 않은 통신은 나중으로 미루고 복구에 집중하는 방식입니다.

임시 복구는 뒤에서 설명할 완전 복구와 비교하면 절차가 간소화되어 복구 시간도 대폭 단축됩니다. 사용자의 영향을 고려해 **모든 통신에 장애가 발생했을 때는 먼저 어느 통신을 우선적으로 복구할지 검토해두는** 것이 지금의 네트워크를 운용하고 관리하는 데 중요합니다.

네트워크 운용 관리자라면 만일에 대비해 상세한 복구 절차를 검토해야 합니다. 또한 이러한 네트워크 운용의 기본적인 방침은 네트워크 관리자만이 아닌 사용자, 정보 시스템 부서, 경영층까지 이해관계자에 해당하는 모든 사람이 하나가 되어 검토하며 공통적인 의식을 가져야 합니다.

3) 완전히 복구한다

네트워크에서 **완전 복구**란 네트워크 인프라가 원래의 상태로 돌아가, 사용자가 네트워크를 원래대로 이용할 수 있는 상태를 말합니다.

네트워크에 문제가 발생하면 5-7절에서 설명했듯 네트워크의 어느 부분에 장애가 발생했는지, 즉 복구해야 할 네트워크 기기를 특정해야 합니다. 예전에는 네트워크 기기는 같은 제조사의 제품으로 통일하는 경향을 보였으나 지금은 여러 제조사의 제품을 사용하는 것이 당연합니다. 어느 제조사의 제품이 문제인지를 밝히고서 해당하는 네트워크 기기를 완전 복구하는 데 집중합니다.

어느 네트워크 기기에 문제가 있는지 특정했다면 그다음 해당 네트워크 기기의 전문 엔지니어가 완전 복구를 하게 됩니다. 그러나 지금의 복잡한 네트워크 환경에서 어느 네트워크 기기에 문제가 발생했는지 진단하기란 그렇게 간단하지 않은 실정입니다. 매일 네트워크를 운용 관리하고 있는 요원만으로는 도저히 복구 작업을 할 수 없습니다. **네트워크를 도입했던 당시의 엔지니어는 물론이며 담당 엔지니어 등 의심되는 네트워크 기기와 관련된 엔지니어 모두가 대응합니다.** 네트워크의 규모가 크다면 확인 테스트도 필요하므로 환경에 따라서는 네트워크의 완전 복구에 반나절이나 하루가 걸리는 경우도 있습니다.

네트워크를 하루 동안 멈추는 것은 큰 문제입니다. 예를 들면 음성 통화인 경우 사내에서의 통화라도 내선 통화를 사용할 수 없으므로 외부 통화를 이용하게 되어 막대한 통신 비용이 듭니다. 사업적인 면을 생각해보면 해외나 원거리 통화를 사용하기 때문에 엄청난 비용이 적힌 청구서에 놀랄지도 모릅니다. 장애로 인해 네트워크를 이용할 수 없는 때라도 네트워크 기기를 유지하는 데 비용이 들며, 거기에 또 추가적인 비용이 들게 되는 것입니다. 장애가 발생했을 때는 많은 노동력과 비용이 듭니다. 장애가 일어난 후 원인을 분석하거나 상위 부서에 보고를 하는 등 사내의 사후 작업에도 쫓깁니다. 이 장 전반에서도 설명했듯 이중화와 그 운용 설계는 중요하며 장애를 미연에 방지할 수 있도록 힘써야 합니다.

완전 복구되기까지의 대략적인 흐름

이 절에서는 완전 복구되기까지의 대략적인 흐름을 설명합니다.

0) 작업 전에 해야 할 일
1) 소프트웨어 버전 맞추기
2) 설정하기
3) 감시 센터에서 확인하고 세부 조정하기

0) 작업 전에 해야 할 일

복구 작업을 하기 위한 대전제로는 사전에 설정 파일을 백업해야 합니다. 백업 작업을 하지 않으면 복구 작업을 시작할 수 없습니다. 즉, 이 작업은 3-1절에서 설명한 것처럼 일상적인 운용 관리를 통해 유지되고 있어야 합니다.

설정 파일은 외부 기억 장치에 보관하는 것이 철칙입니다.

▶▶ 백업의 운용 방법도 포함해 5-10절에서 자세히 설명합니다.

1) 소프트웨어 버전 맞추기

고장 등으로 네트워크 기기 본체를 교환할 때는 우선 네트워크 기기의 소프트웨어 버전을 교환 전의 장치와 같게 합니다. 이를 위해서는 백업으로 보관해둔 이미지 파일(시스코사 제품이라면 IOS 이미지 파일)을 네트워크 기기에 설치합니다. 현장에서 서둘러 작업하기보다는 사전에 작업하도록 합니다. 네트워크 기기의 소프트웨어 버전은 최신이 아닌, **일부러 교환 작업 전의 장치와 같게 합니다.** 이유는 도입한 네트워크가 지금까지 정상 가동했기 때문입니다. 소프트웨어 버전은 새로울수록 좋다고 생각하기 쉽지만 새로운 버전이 실제로 지금 운용 중인 네트워크에서 정상 작동한다는 보증은 없습니다. 또한 지금까지 사용하던 버전과는 다른 버전과의 통신이므로 실제로 검증하는 작업이 필요합니다. 네트워크를 도입할 때 한 번에 네트워크 기기를 수배해 작업하다 보니 소프트웨어 버전은 통일되어 있습니다. 그러나 차후에 네트워크 기기를 증설할 때 아무래도 '오래된' 혹은 '새로운' 소프트웨어 버전의 차이가 발생합니다.

■ 대체 기기의 소프트웨어 버전이 '오래된' 경우

대체 기기의 소프트웨어 버전이 '오래된' 경우는 버전 업그레이드를 실시해 다른 장치와 같은 버전이 되도록 합니다. 이 작업으로 이전과 같은 네트워크 환경으로 되돌릴 수 있습니다. 실제 현장에서 가장 많이 있는 경우입니다.

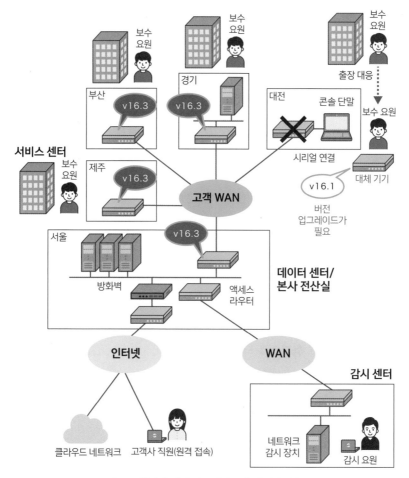

소프트웨어의 버전 업그레이드가 필요한 경우

예를 들면 그림처럼 네트워크 기기(그림 예시의 라우터)의 소프트웨어 버전이 16.3으로 운용되고 있다고 합니다. 라우터가 고장 나서 교환 작업을 하게 되었는데 대체 기기의 소프트웨어 버전이 16.1인 경우입니다. 대체 기기의 소프트웨어 버전이 다른 장치보다 '오래된' 상태이기에 버전을 업그레이드해야 합니다.

■ 대체 기기의 소프트웨어 버전이 '새로운' 경우

대체 기기의 소프트웨어 버전이 다른 네트워크 기기보다 '새로운' 경우도 실제 현장에서는 자주 있습니다. 네트워크 기기를 도입하고 2~3년 지나면 소프트웨어 버전이 올라가 그런 경우가 발생합니다.

대체 기기의 소프트웨어 버전이 '새로운' 경우에는 네트워크 전체의 버전을 통일하기 위해서 이번에는 거꾸로 버전을 다운그레이드합니다.

그러나 언제나 버전을 다운그레이드하지는 않습니다. 여기서도 두 가지의 선택지가 있습니다.

① 대체 기기(교환 기기)의 버전을 다운그레이드한다.
② 모든 기존 네트워크 기기의 버전을 업그레이드한다.

① 대체 기기(교환 기기)의 버전을 다운그레이드한다

대체 기기의 소프트웨어 버전이 '새로운' 경우일 때 대응책으로 가장 많이 사용합니다. 해당 장치의 소프트웨어만 버전을 다운그레이드해 다른 장치와 같은 버전으로 통일함으로써 이전과 같은 네트워크 환경으로 되돌릴 수 있습니다.

이는 단순히 '대체 기기의 소프트웨어 버전이 오래됐을' 때의 대처법을 거꾸로 한 것입니다. 작업 내용도 오래된 소프트웨어 버전의 이미지 파일만 준비하면 되며 버전을 업그레이드할 때와 절차는 같습니다.

! 주의 결국에는 버전 업그레이드가 필요하다

이처럼 버전을 다운그레이드하는 것은 어디까지나 잠정적인 대처라 생각해야 합니다. 오래된 소프트웨어 버전에도 한계는 있습니다. 보안적인 면에서 불안하기도 하며 소프트웨어 버그 등의 대처가 완벽히 되지 않은 부분이 당연히 있습니다. 이상적인 방안은 다음에 설명할 '모든 기존 네트워크 기기의 버전을 업그레이드'하는 것입니다.

결국에는 소프트웨어를 최신 버전으로 업그레이드한다는 생각으로 작업을 실시하도록 유념합니다.

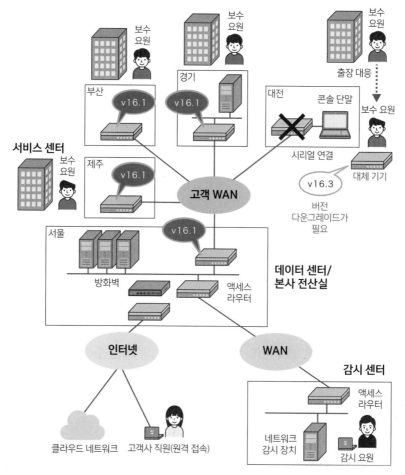

소프트웨어의 버전 다운그레이드가 필요한 경우

② 모든 기존 네트워크 기기의 버전을 업그레이드한다

모든 기존 네트워크 기기를 대체 기기와 같은 버전으로 업그레이드하는 방법입니다. 이 방법은 기존 네트워크 기기의 대수가 많으면 많을수록 대규모 작업이 됩니다. 100대라면 100대의 버전을 업그레이드해야 합니다. 당연히 작업 시간도 걸리며 그동안 통신도 할 수 없습니다. 실제 현장에서 이런 경우는 드물 것입니다. 그러나 다음과 같은 경우는 모든 기존 네트워크 기기의 버전을 업그레이드하도록 검토합니다.

- 대규모인 네트워크 교체 작업이 있다
- 기존 네트워크의 소프트웨어 버전에 치명적인 버그가 발견됐다
- 기존 네트워크 기기의 도입 대수가 2~3대라 작업의 부담이 적다

구체적인 실시 방법으로는 대체 기기의 교환 작업을 먼저 끝낸 후 그 외의 네트워크 기기의 버전을 업그레이드합니다. 대규모 네트워크라면 해당하는 대수도 많아지므로 면밀한 계획을 수립해야 하기 때문입니다.

가장 정석적인 방법은 시험적으로 일부 지역에만 실시하고 나서 모든 지역으로 전개하는 방법이 있습니다. 예를 들면 네트워크 규모가 작은 거점에서 실시하고 작동에 문제가 없다면 전국으로 전개하는 방식입니다. 만일 시험 대상인 지역에 문제가 발생하더라도 영향이 적으며 새로운 버전의 도입을 미루는 판단도 할 수 있습니다.

기존 네트워크 기기가 2~3대인 소규모 네트워크라면 대체 기기로 교환 작업을 할 때 함께 버전 업그레이드를 하는 것이 좋겠습니다.

■ 소프트웨어 버전 업그레이드(다운그레이드) 작업의 사전 준비

네트워크 기기의 소프트웨어 버전을 같은 버전으로 유지하는 것이 네트워크 운용 관리의 철칙임을 알아보았습니다. 이 절에서는 실제로 소프트웨어 버전을 업그레이드(다운그레이드)할 때 필요한 사전 준비를 설명합니다.

일반적으로 네트워크 기기의 소프트웨어를 업그레이드(다운그레이드)하기 위해 필요한 것은 일반적으로 아래와 같습니다.

- TFTP(네트워크 기기에 따라서는 FTP인 경우도 있다) 서버가 설치된 콘솔 단말
- 버전 업그레이드/다운그레이드용 소프트웨어 이미지 파일
- UTP 케이블
- 작업 절차서(전환 절차서), 작업 체계도, 긴급 연락처

어떤 네트워크 기기라도 공통적으로 필요한 사항이므로 엔지니어만이 아닌 영업이나 관리직도 꼭 기억해두기 바랍니다.

소프트웨어의 버전 업그레이드(다운그레이드)를 실시하기 위한 환경

2) 설정하기

고장 등으로 네트워크 기기 본체를 교환할 때는 **네트워크 기기의 설정을 이전과 같게 복원**해야 합니다. 이를 위해서는 백업 파일로 보관해둔 설정 파일을 네트워크 기기에 복원합니다. 이 작업은 현장에 나가기 전에 하는 것이 이상적입니다. 복원을 끝내면 현장에 장치를 가져가 보수 요원과 함께 교환 작업을 합니다.

이 작업을 실시함으로써 인터페이스에 설정된 IP 주소로 WAN과 통신할 수 있으며 감시 센터에서 로그인할 수 있게 됩니다.

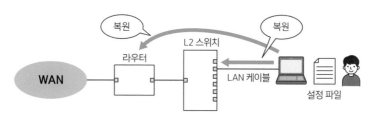

설정 파일을 네트워크 기기로 복원

■ 복원에 필요한 것

현장에서 설정 파일을 복원하는 데 필요한 것은 아래와 같습니다.

- 터미널 소프트웨어가 설치된 콘솔 단말
- 콘솔 케이블(시리얼 케이블)
- D-sub 9pin ⇔ USB 변환 케이블(PC 단말에 COM 포트가 없는 경우)
- UTP 케이블
- 설정 문서(설정 지시서)

- 설정 파일
- 소프트웨어 이미지 파일(버전이 다른 경우에만 필요)

또한 여기서는 일반적으로 필요한 것만 나열했습니다. 현장의 환경에 따라 필요한 다른 도구도 가져갑니다. 또한 앞으로 소개할 절차도 네트워크 기기의 OS(시스코사는 IOS) 버전이나 종류, 플랫폼 등에 따라서 달라지는 경우가 있습니다.

> **현장속으로** **네트워크 기기의 소프트웨어 버전 관리**
>
> 장애가 일어난 뒤에 네트워크 기기의 버전을 확인한다면 복구 작업에 시간 손실이 발생합니다. 1-4 절에서 설명한 기기 관리표를 만드는 등 항상 확인할 수 있는 상태를 만들어야 합니다.

3) 감시 센터에서 확인하고 세부 조정하기

현장에서 장치 교환 작업을 마치면 그다음 감시 센터에서 해당 장치(교환이 완료된 장치)의 설정 및 네트워크 전체의 정상적인 가동 상태를 확인합니다.

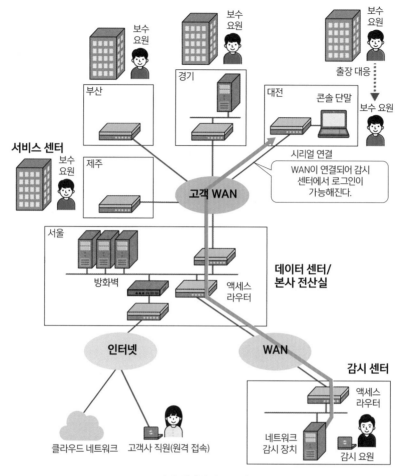

감시 센터에서 로그인

이 작업을 하기 위한 전제 조건은 현장에서 해당 네트워크 기기의 교환 작업을 마칠
것, WAN을 경유해 감시 센터에서 해당 네트워크 기기에 로그인할 수 있을 것입니다.
보통은 현장에서의 작업이 끝나면 감시 센터에 있는 엔지니어에게 현장 작업을 마쳤음을
알립니다. 감시 센터에 있는 엔지니어는 원격으로 교환 작업이 끝난 네트워크 기기가 제대
로 설정되었는지 확인합니다. 만약 설정에 문제가 있다면 수정합니다.

5-10 유지 보수에 필요한 백업의 사고방식

무엇을 백업할 것인가?

만일의 장애 발생에 대비해 백업 데이터가 필요하다는 점은 서버나 네트워크 기기도 마찬가지입니다. 복구 작업에 대비해 네트워크 기기를 유지 보수할 때 구체적으로 무엇을 백업해야 하는지 설명합니다.

반드시 백업해야 하는 것은 아래 두 가지입니다.

- 소프트웨어 이미지 파일
- 설정 파일

또한 네트워크 기기에서 두 가지 파일의 성격은 다음 그림과 같습니다.

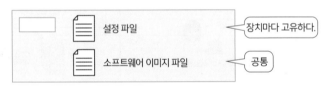

네트워크 기기에서 두 가지 파일의 성격

소프트웨어 이미지 파일

소프트웨어 이미지 파일은 네트워크 기기의 OS에 해당합니다. 이것이 없다면 네트워크 기기는 작동하지 않습니다. 도입 후는 반드시 소프트웨어 이미지 파일을 백업합니다. 독자 여러분에게도 친숙한 OS인 Windows나 Linux와 같은 것이 네트워크 기기에도 탑재되어 있다고 생각하면 됩니다.

여기서 말하는 소프트웨어 이미지 파일로 유명한 것은 네트워크 기기 제조사인 시스코사의 IOS입니다. IOS는 시스코사 제품의 라우터나 스위치에 설치되는 제어용 OS입니다. 시스코사 제품의 라우터나 스위치는 기능의 대부분을 소프트웨어로 실현하고 있으며 OS를 교체함으로써 TCP/IP에 관한 기능은 물론이며 방화벽 기능 등을 추가할 수 있습니다.

■ 알아두면 좋은 소프트웨어 이미지 파일의 취급

소프트웨어 이미지 파일은 기본적으로 유료입니다. 예를 들면 어떤 네트워크 기기를 도입한 기업이 네트워크 기기의 구입처(판매점)와 유지 보수 계약을 체결하지 않았다면 소프트웨어 이미지 파일은 네트워크 기기의 구입처로부터 그때마다 유료로 얻어야 합니다. 즉, 네트워크 기기의 소프트웨어를 최신 버전으로 바꾸고자 할 경우 비용을 지불해 구입하게 됩니다.

유지 보수 계약을 했다면 무료로 얻을 수 있습니다. 그러나 계약을 했더라도 소프트웨어 이미지 파일을 제공하는 쪽(네트워크 기기의 판매점이나 제조사)은 어디까지나 '무상으로 제공'하는 것에 그칩니다. 즉, **소프트웨어 이미지 파일을 설치하는 것은 고객이라는 점**[5]에 유의해야 합니다. 물론 고객이 판매점에 설치 작업을 의뢰할 수 있겠지만 그 비용은 보통 유지 보수 계약에 포함되지 않습니다. 즉, 별도로 비용이 듭니다.

이 내용은 영업, 관리직도 꼭 알아두면 좋은 내용입니다.

> **중요** 소프트웨어 이미지 파일(OS)의 취급
> - 소프트웨어 이미지 파일은 유지 보수 계약이 되어 있으면 무료로 얻을 수 있다.
> - 설치 작업은 고객이 해야 하며 판매점의 엔지니어가 작업할 때는 유료

현실적으로 이 내용들은 계약서에 명시되어 있지만 고객과 운용 및 유지 보수 회사와의 사이에서 '원래 작업을 해야 하는 것은 누구인가'라는 점을 두고 서로의 이해가 부족한 것이 실정입니다. 한국의 IT 사회에서는 물건(하드웨어)에 대한 취급은 규칙이 있지만 눈에 보이지 않는 소프트웨어 부분은 애매한 점이 많습니다. 아무리 계약서에 명시되어 있어도

---

5   옮긴이 이 부분은 계약 내용에 따라 달라집니다. 마이너 버전의 업그레이드는 보통 유지 보수 계약에 포함됩니다.

한국에서 입장이 강한 것은 발주처인 고객입니다. '엔지니어 비용을 무료로 하기로 했다' 등은 현장에서는 자주 듣게 되는 문제입니다. 이런 부분은 네트워크 기기의 납품처인 고객과 제공자 양쪽의 골을 메우기 위해서라도 **반드시 고객에게 설명하도록 함으로써 고객의 인식을 높여가야 합니다.**

> **현장속으로** 운용 설계서는 소통의 도구
>
> 네트워크 기기를 도입하고 운용 단계에 들어가면 지금까지 보이지 않았던, 운용 범위가 늘어난다는 문제가 나타납니다. 운용 설계서에 제대로 대상 범위나 업무의 내용을 명시하고 고객과 제공자 양쪽의 골을 메우는 것도 나날이 해야 할 중요한 행동입니다. 고객에게는 친절히 성실하게 설명하도록 합니다. 운용 설계서는 기재하면 끝이 아니며, 미비한 점이 있다면 정정하고 개정해 보다 실태에 가깝게 맞춰야 합니다. 고객과의 소통 도구로서도 활용하도록 합니다.

■ 소프트웨어 이미지 파일을 얻는 방법

소프트웨어 이미지 파일은 일반 기업의 사용자라면 네트워크 기기의 판매 대리점을 통해서 얻을 수 있습니다.

한편 네트워크 기기의 판매 대리점인 시스템 인티그리터(SI)는 각 네트워크 기기 제조사의 웹페이지에서 다운로드할 수 있습니다.[6]

설정 파일

설정 파일은 각 장소에 설치되는 **네트워크 기기마다 다릅니다.** 즉, 설정 파일을 각각 관리해야 함을 말하며 100대의 네트워크 기기가 존재한다면 100개의 파일이 존재합니다. 설정 파일은 매우 중요한 파일입니다. 고객의 IP 주소, 기기의 패스워드, 인터페이스 정보 등 네트워크가 안정적으로 가동하는 데 매우 중요한 정보가 들어있기 때문입니다. 문제는 소프트웨어 이미지 파일도 포함한 설정 파일을 어떻게 백업해 운용할지 여부입니다.

---

6   옮긴이 실제로 고객의 네트워크를 운용하거나 유지 보수하고 있더라도 제조사와의 계약이 없는 회사는 다운로드할 수 없습니다.

- 언제 백업을 하는가
- 어디에 백업을 하는가

다음 절에서는 위와 같은 점을 중심으로 설명합니다.

언제 백업을 하는가?

실제 현장에서는 어느 시점에서 백업을 할까요? 네트워크 기기의 도입 작업이 종료된 후와 기기 구성의 변경 작업이 종료된 시점에 곧바로 실시하는 것이 중요합니다. 또한 여기서 말하는 백업의 대상은 소프트웨어 이미지 파일과 설정 파일입니다.

도입 작업 후

첫 백업 시점은 네트워크 기기의 도입 작업이 종료된 후로, 이때 소프트웨어 이미지 파일, 설정 파일을 모두 백업합니다. 해당 백업 정보는 고객과 앞으로 네트워크 운용 및 유지 보수를 하게 될 담당자에게 인계합니다.

기기 구성 변경 후

또 다른 시점은 네트워크 기기의 기기 구성 변경 후입니다. 도입 작업이 종료된 후 네트워크가 안정적으로 가동됐더라도 사용자 수의 증가나 증설 작업 등 네트워크는 매일 변화합니다. 당연히 그때마다 네트워크 기기의 설정 변경 작업을 해야 합니다.

이때는 설정 파일만 백업하면 됩니다. 설정 변경 작업 시 소프트웨어 이미지 파일의 변경은 하지 않기 때문입니다. 대규모 변경 작업이라면 네트워크 설계 및 구축 요원들이 해당 백업 파일을 수집합니다. 간단한 변경 작업이라면 운용 및 유지 보수 요원이 합니다.

어디에 백업하는가?

네트워크 기기 전체를 백업한 데이터는 어디에 보관하며 어떻게 일원화된 관리를 해야 할까요? 그럴 때는 네트워크 감시 장치 또는 파일 서버로 관리하는 것이 철칙입니다.

그리고 현장에서 복구 작업을 할 때만 콘솔 단말 내의 하드 디스크에 일시적으로 보관하며 네트워크 기기로 복원합니다.

현장속으로 외부 기억 장치에 보관하는 것이 철칙

소프트웨어 이미지 파일이든 설정 파일이든 네트워크 기기 이외의 외부 기억 장치에 보관하도록 합니다. 네트워크에 있는 기기 전체를 고려해 네트워크 감시 장치 또는 파일 서버와 같은 외부 기억 장치에 보관하는 것이 가장 효과적입니다.

개인이 반출할 수 있는 USB 메모리나 콘솔 단말 내의 하드 디스크에 보관하지는 말아야 합니다. 많은 네트워크 기기의 백업 데이터를 일원화 관리하기에 맞지 않으며 설정 파일의 디그레이드(degrade, 오래된 파일로 설정해버리는 인적 장애)나 보안 면에서도 불안합니다. 또한, 해당 업무를 하던 사람이 없으면 다른 사람이 그 업무를 이어서 할 수 없는 상황이 생기기도 합니다.

5-11 운용 설계
패킷 캡처 방법의 궁리

오늘날 기업 네트워크에서 애플리케이션이 사용하는 프로토콜은 매우 복잡합니다. 네트워크 자체도 라우터, 스위치, 서버라는 단순한 구조에서 다양한 어플라이언스 제품이 등장해 네트워크 엔지니어가 습득해야 할 기술도 점점 고도화되고 있습니다. 이런 환경에서 **패킷 캡처**는 네트워크 엔지니어가 꼭 습득해야 할 기술입니다. 현장에서 패킷을 캡처할 때의 작업 흐름을 아래에 나타냅니다.

1) 사무실에서 LAN 분석기를 가지고 현장까지 운반한다.
2) 스위치와 LAN 분석기 사이를 케이블로 연결한다.
3) 스위치에 미러링 설정을 추가한다.
4) LAN 분석기를 사용해 현장에서 정보를 수집한다. 현상이 재발할 가능성이 높을 때는 대기한다.

물리적인 작업이 많다 보니 시간과 노동력, 끈기를 필요로 합니다. 덧붙여 네트워크 환경이 확대됨에 따라 물리적으로 연결하는 것도 어려워졌습니다.

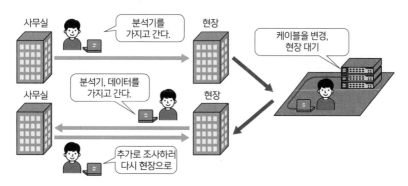

패킷 캡처는 물리적인 작업이 많아 문제다

이와 같은 문제가 있기에 최근 현장에 도입되고 있는 기기가 **L1(물리 계층) 스위치**입니다. L1

스위치는 **소프트웨어 제어를 통해 스위치 내부의 물리적 회선 경로를 연결, 절단, 경로 변경**할 수 있습니다. 현장에서는 이를 이용해 여러 L2 스위치의 모니터 포트의 출력을 종합해서 LAN 분석기로 보내거나 원격으로 패킷 캡처를 가능하게 하는 방법을 진행하고 있습니다.

L1 스위치를 사용하기

5-9절에서 설명했듯 리피터 허브는 어떤 포트에서 수신한 프레임의 복사본을 다른 모든 포트로 보냅니다. 이 작동은 필요가 없는 단말에까지 프레임을 보낸다는 문제가 있으며 네트워크의 트래픽이 증대됨에 따라 리피터 허브는 네트워크 세상에서 소외된 존재가 되었습니다. 그러나 리피터 허브가 가진 특성은 네트워크 인프라의 근간으로서가 아닌 유지보수라는 한정된 영역에서 부활하려 하고 있습니다. 즉, 어떤 포트에서 수신한 프레임의 복사본을 지정한 포트로 보낼 수 있게 해 효율적인 패킷 캡처 작업을 할 수 있게 하는데, 이를 위한 장치가 바로 L1 스위치입니다.

그러나 L1 스위치는 옛날의 리피터 허브가 아닙니다. 물리적인 결선을 소프트웨어 제어로 바꿀 수 있으며 원격으로 명령어를 통해 접근할 수 있습니다. 즉, 원격으로 패치 패널의 케이블을 빼거나 꽂을 수 있다고 생각하면 됩니다. 이를 통해 최소한의 물리적인 연결로 신호의 흐름을 제어할 수 있습니다.

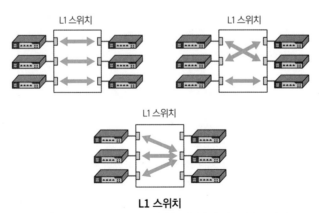

L1 스위치

패치 패널의 케이블을 바꿔 연결하는 것처럼, 설정을 변경하면 신호의 송수신처를 바꿀 수 있다.

L1 스위치를 주로 사용하는 경우는 패킷 캡처 또는 통신을 감시할 때입니다. 패킷 캡처를 할 때의 이용 방법은 L2 스위치의 모니터 포트에서 오는 신호를 L1 스위치에서 바꿔 LAN 분석기로 전달합니다.

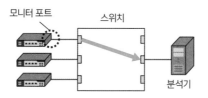

L1 스위치를 이용한 패킷 캡처

통신을 감시할 때의 이용 방법은 물리적인 회선 경로를 다대일로 바꾸고, 여러 포트에서 오는 트래픽을 하나의 포트로 집중해 IDS(침입 탐지 시스템)에 보냅니다.

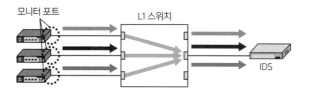

L1 스위치를 이용한 통신의 감시
미러(복사)된 신호를 집중해 IDS가 연결된 포트로 보낸다.

현장속으로 L1 스위치를 사용한 트래픽의 교통 정리

L1 스위치 중에는 필터링 기능을 갖춘 것이 있습니다. 필터링 기능을 사용하면 분석이 필요한 특정 IP로부터의 통신만을 LAN 분석기로 보낼 수 있습니다. 또한 TCP 80번 포트를 사용하는 통신만을 WAF(Web Application Firewall)로 보내는 것도 가능합니다. 이를 통해 원래 필요한 감시 및 분석 처리에 자원을 집중할 수 있습니다. 이처럼 네트워크 트래픽의 교통 정리는 유사시의 원인 규명에 도움이 됩니다.

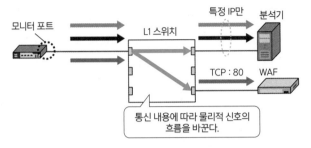

L1 스위치로 필터링

패킷 캡처 네트워크의 구축

패킷 캡처를 할 때마다 발생하는 케이블링의 변경이나, 사람과 자재의 이동과 같은 작업을 모두 원격으로 할 수도 있습니다. 새롭게 도입하는 장치는 한 대의 L1 스위치와 한 대의 LAN 분석기입니다.

우선 L1 스위치와 LAN 분석기를 전산실에 설치합니다. 그다음 모든 L2 스위치와 LAN 분석기를 L1 스위치에 연결합니다. 그리고 네트워크 관리자가 있는 운용 감시실에서 원격으로 접근 가능한 환경에 연결합니다.

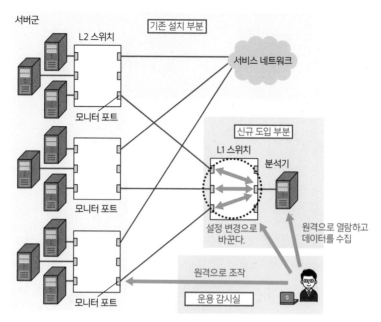

패킷 캡처 네트워크의 구축

이로써 준비를 마쳤습니다. L2 스위치의 패킷 캡처 대상인 포트가 결정되면 다음 방법으로 패킷 캡처를 시작할 수 있습니다.

L2 스위치에서 캡처 대상인 포트를 모니터의 Source로 지정합니다. 다음으로 L1 스위치에 연결된 포트를 Destination으로 지정합니다.

L1 스위치에서는 대상인 L2 스위치가 연결된 포트의 신호가 LAN 분석기가 연결된 포트로 흐릅니다. 네트워크 관리자는 LAN 분석기에 원격 접속해 캡처를 시작합니다. 이로써 생각날 때마다 간단히 패킷 캡처를 할 수 있습니다.

이런 환경이 거점마다 한 세트씩 있다면 네트워크 관리자는 굳이 전산실에 들어가지 않고도 패킷 캡처와 분석을 할 수 있게 됩니다.

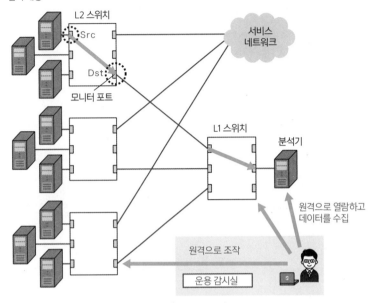

패킷 캡처의 실행

이처럼 L1 스위치에 LAN 분석기나 IDS 등 필요한 모든 연결을 집중하면 나중에 필요한 연결 구성은 소프트웨어로 제어하고 관리할 수 있습니다. 패킷 캡처는 현상이 발생한 바로 그때가 중요합니다. 기기 앞으로 달려가는 시간을 없앰으로써 더욱 효율적인 운용 관리가 가능해집니다.

5-12 표적형 공격의 대책

표적형 공격이란?

표적형 공격이란 기존에 알려져 있던 취약점을 뚫은 공격이나 DoS(Denial of Service) 공격과는 달리 명확한 목적을 가지고 이루어지는 사이버 공격입니다. 특정 개인이나 조직이 기업의 정보 수집이나 금전의 부정한 취득 또는 방해 등을 목적으로 하며, 감염을 눈치채지 못하도록 교묘한 공격을 해옵니다.

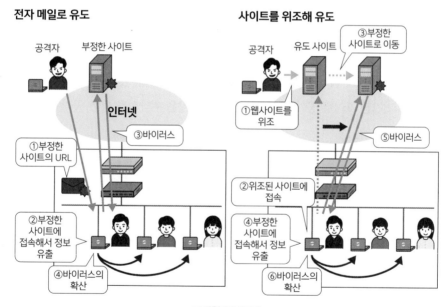

표적형 공격이란

예를 들어 특정 목표(이후로는 표적이라고 합니다)에게 전자 메일을 보내, 이해관계자가 보냈다고 믿게 만드는 내용으로 URL을 열게 하고 부정한 서버에 접속하게 함으로써 단말을 바이러스에 감염시킵니다. 또는 표적이 이용하는 웹사이트를 부정하게 위조해 부정한 사이트로 유도함으로써 단말의 취약점을 뚫고 데이터를 빼냅니다. 바이러스에 감염된 단말은 개인 정보나 기밀 정보의 유출 이외에도 네트워크에 있는 다른 단말도 감염시키거나 함으로써 해당 단말을 발판으로 삼은 부정행위가 이루어지기도 합니다.

운용 관리 측면에서 본 앞으로의 보안 대책

지금까지의 보안 대책으로는 알려진 취약점을 뚫는 공격이나 맬웨어는 막을 수 있지만, 알려지지 않은 취약점을 뚫는 공격이나 멀웨어는 보안 대책을 통과해버려 조직 내의 네트워크로 침투한다는 위험이 남아 있습니다. 특히 표적형 공격 메일이라면 해당 메일 자체는 평상시와 같으므로 방화벽, IDS/IPS, 프록시 게이트웨이 등의 네트워크 보안 장치를 도입하더라도 보안을 통과해 내부로 침투해옵니다.

악의가 있는 공격은 표적으로 삼은 기업이나 조직의 직원에게 교묘한 공격을 하기에 지금까지의 대책으로는 대응할 수 없게 되었습니다.

그래서 새로운 대책의 하나로 **표적형 공격 대책 어플라이언스**[7]가 있습니다. 표적형 공격 대책 어플라이언스란 표적형 공격 메일이나 알려지지 않은 취약점을 뚫은 공격이나 멀웨어에 대응합니다.

표적형 공격 대책 어플라이언스는 지금까지의 패턴 파일만이 아닌 어플라이언스 내에 있는 가상 환경의 실행 엔진에서 분석해 알려지지 않은 취약점을 뚫은 공격과 멀웨어를 탐지합니다. 또한 공격자와 감염 단말과의 통신에 대해서는 고객 구역에 설치된 표적형 공격 대책 어플라이언스와 클라우드에 있는 '악의가 있는 서버 정보'가 연동됨으로써 알려지지 않은 위협을 탐지할 수 있습니다. 클라우드에 있는 '악의가 있는 서버 정보'는 전 세계의 표적형 공격 대책 어플라이언스 제품으로부터 생성 및 수집되며 그 정보를 통해 위협을 탐지할 수 있습니다.

그러나 도입 비용과 유지 및 운용 비용이 듭니다. 보안 대책은 최우선 사항이긴 하지만 비

---

7 [옮긴이] 대표적으로 ATP(Advanced Threat Prevention)가 있습니다.

용과의 균형도 생각해야 합니다. 예산을 책정하는 데 이번 대책은 어디까지 할 것인지, 어디부터는 잔존하는 위험으로 다음번으로 넘길 것인지 여부 등 운용 측면을 고려한 견해를 내는 것도 운용 관리의 일환이라 할 수 있습니다.

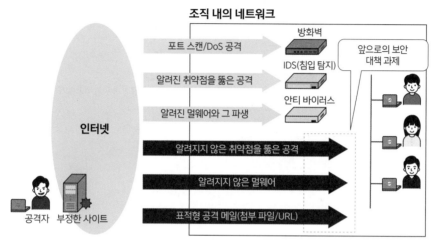

표적형 공격 대책 어플라이언스의 설치 방법

표적형 공격 대책 어플라이언스는 네트워크의 형태에 따라 탭 모드와 인라인 모드의 두 가지 중에서 선택해 도입할 수 있습니다.

- 탭 모드
- 인라인 모드

탭 모드는 웹 클라이언트로부터 프록시 서버로 흐르는 웹 통신을 복사해 표적형 공격 대책 어플라이언스로 통신을 분석합니다. 스위치의 미러 포트에서 패킷을 캡처해 모든 트래픽을 분석합니다. 기존 네트워크 구성에 주는 영향이 적으며, 현장에서 가장 많이 이용하는 방법입니다.

한편 인라인 모드는 네트워크 경로 안(인라인)에 표적형 공격 대책 어플라이언스를 설치해 흐르는 모든 트래픽을 직접 감시합니다.

탭 모드의 경우

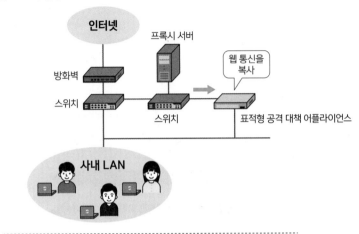

인라인 모드의 경우

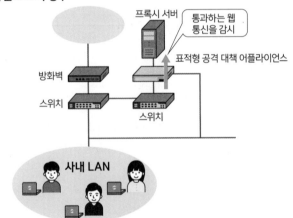

표적형 공격 대책 어플라이언스의 설치 방법

또한 운용 관리자가 운용 상황을 확인할 때는 표적형 공격 대책 어플라이언스의 관리 포트를 통해 로그인합니다. 지금까지 설명했듯 업무용 통신을 피하는 것이 현장의 철칙 입니다.

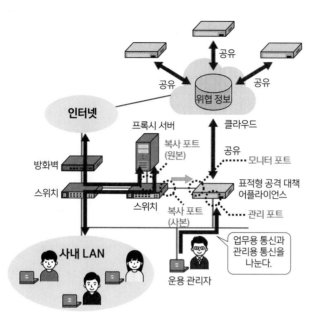

운용 관리자의 접속 경로

MEMO

부록

A-1 클라우드 서비스를 고려한 운용 및 유지 보수

현재 기업에서는 **클라우드 서비스**의 이용이 본격화되고 있습니다.

클라우드 서비스는 한마디로 '네트워크를 통해 서비스 사업자가 마련한 ICT 자원을 이용할 수 있는 서비스'입니다. 구체적으로는 서버, 스토리지, 데이터베이스, 애플리케이션 등 **다양한 IT 자원을 주문형으로 이용**할 수 있습니다. 종량제 요금이며 실제 사용한 양만 지불한다는 특징이 있습니다. '자신이 소유'하는 것이 아니며 가스나 수도 요금처럼 '서비스를 이용한다'고 보면 됩니다.

클라우드가 등장하기 전에 시스템이나 웹사이트 구축 및 운용을 할 때 선택지는 **온프레미스**(자사에서 시스템을 보유하는 형태) 아니면 외부의 하우징(코로케이션) 서비스나 호스팅(임대 서버)을 이용하는 경우가 대부분이었습니다. 그러나 최근에는 인터넷에 있는 외부 리소스인 클라우드를 이용함으로써 똑같은 IT 환경을 구축할 수 있게 되면서 클라우드로의 이전이 가속화되었습니다. 여기서 중요한 것은 **클라우드 서비스를 고려한 운용 및 유지 보수 업무를 어떻게 해야 하는지**입니다. 기존의 온프레미스 부분만이 아닌 클라우드 서비스도 고려해 운용 및 유지 보수를 실시해야 합니다.

각각의 입장에서 본 운용 및 유지 보수의 흐름

클라우드 서비스가 보급되면서 운용 및 유지 보수 서비스에도 변화가 일어나고 있습니다. 기존 온프레미스의 운용 및 유지 보수 작업을 하며 클라우드 환경도 신경 써야 합니다. 즉, 운용 및 유지 보수 회사의 감시 센터는 **기존 온프레미스에 더해 클라우드 서비스도 같이 담당하게 됩니다.**

사용자, 정보 시스템 부서의 입장에서 보면 클라우드 서비스가 추가됐더라도 지금까지의 운용 흐름은 변하지 않습니다.

한편 운용 및 유지 보수 회사는 클라우드 환경의 장애를 포함해 일괄적으로 감시하는 작업을 서비스로 고객에게 제공합니다. 이를 **운용 및 유지 보수 서비스의 추가 옵션으로 제공하는 형태**를 취하고 있습니다.

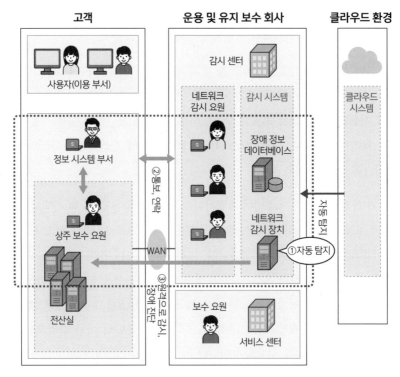

운용 및 유지 보수 회사가 클라우드 서비스도 포함해 감시

클라우드 운용 및 유지 보수의 주요 과제

클라우드 운용 및 유지 보수 작업에는 **클라우드 제공사의 사정에 맞춰야 한다는** 위험이 존재합니다. 예를 들어 시스템 유지 보수로 인해 클라우드 서비스가 중단되는 등 클라우드 제공사의 사정으로 이용자의 업무에 영향을 줄 위험성이 있습니다. 클라우드 서비스는 다양한 사람이 공동으로 사용하는 서비스이므로 당연히 한 기업의 사정은 들어주지 않습니다.

특히 외국계 클라우드 제공사라면 한국과의 시차가 있어 한국에서 낮 업무시간일 때 작업을 할 경우도 예상할 수 있습니다. 서비스 내용이 어디까지 보장되는지 확실히 확인해야 합니다.

클라우드 서비스 이전으로 발생하는 앞으로의 네트워크 운용 및 유지 보수

네트워크 경로의 재검토

클라우드 서비스로 이전할 때 **네트워크 경로를 재검토**하지 않으면 장애의 원인이 됩니다. 지금까지의 기업 네트워크에서 인터넷으로 연결하는 방법은 데이터 센터/본사의 프록시 서버나 방화벽을 통과시키는 것이 기본이었습니다. 그러나 이러한 구성으로 클라우드 서비스로 이전하면 데이터 센터/본사의 장치에 부하가 걸려 아무리 회선을 증속해도 반응 속도가 나빠집니다. 물론 부하분산 장치를 도입해 클라우드 서비스용 트래픽을 나누는 방법도 있지만 도입 비용과 장치의 운용 면이라는 과제가 남습니다. 그래서 대책으로 **로컬 브레이크 아웃**(LBO)이라는 방식[1]으로 변경합니다. 여기서 말하는 로컬 브레이크 아웃이란 Microsoft 365 등의 클라우드 애플리케이션(Software as a Service, SaaS) 트래픽에 대해서는 데이터 센터를 경유한 인터넷 연결이 아니라 **각 거점에서 직접 인터넷으로 SaaS에 접속하는 네트워크 구성**입니다. 구조로는 각 거점에 있는 라우터 등으로 통신 내용을 식별해 미리 등록된 SaaS용 트래픽이면 직접 인터넷 회선으로, 그렇지 않으면 데이터 센터/본사를 경유하는 회선으로 트래픽을 나눕니다. 나날이 네트워크를 운용 및 유지 보수하는 사람에게 앞으로는 **이러한 네트워크 경로의 변경 제안도 요구될 것입니다**.

---

1   (옮긴이) SD-WAN(Software-Defined Wide Area Network)이 이런 역할을 합니다.

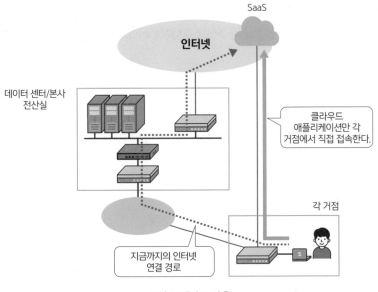

데이터 센터/본사 전산실

인터넷

SaaS

클라우드 애플리케이션만 각 거점에서 직접 접속한다.

각 거점

지금까지의 인터넷 연결 경로

로컬 브레이크 아웃

다음의 한 수와 보안 대책

앞서 말한 LBO 방식으로 당분간은 버틸 수 있습니다. 그러나 앞으로의 네트워크 운용 및 유지 보수 요원은 다음의 한 수도 생각해야 하는데, 앞으로 클라우드 서비스 이용자가 늘어나 인터넷 트래픽이 증가함에 따라 생기는 폭주 문제입니다.

또한 클라우드 서비스는 인터넷으로 접속하기에 보안 대책도 필요하지만 보안 대책에는 돈이 듭니다. 그렇다 보니 지금은 트래픽을 나누는 작업과 보안 대책을 직접 하는 것이 아닌, 클라우드 서비스를 이용하려는 움직임이 있습니다. 통신 사업자 등이 프록시, 방화벽 같은 보안 기능도 클라우드 서비스로 제공하고 있습니다.

정보 시스템 부서에는 매일 일어나는 운용 부하와 초기 도입 비용이라는 고민이 사라집니다. 한편으론 네트워크 그 자체가 블랙박스화되어 클라우드 서비스나 운용 및 유지 보수 회사에 대한 의존도가 높아집니다.

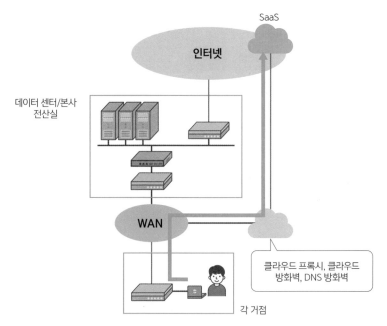

SaaS

인터넷

데이터 센터/본사
전산실

WAN

클라우드 프록시, 클라우드
방화벽, DNS 방화벽

각 거점

클라우드의 보안 대책 서비스

네트워크 운용 및 유지 보수 요원은 앞으로 클라우드로 제공되는 서비스에 대한 대응이 점점 늘어날 것이며, 모든 대응을 윈도우 창 하나(웹 콘솔)로 하게 될 것입니다.

네트워크가 고도화됨에 따라 여러분의 기술력 또한 고도화해야 하겠습니다.

$A-2$ Tera Term으로 작업 로그를 수집하는 방법

네트워크 기기의 작업 로그를 수집하지 않으면 작업 중에 어떤 장애가 발생하거나 실수를 했을 때 장애를 진단할 수 없게 됩니다. 그렇기에 실제 현장에서는 작업을 시작하기 전에 반드시 '로그 수집' 설정을 하고서 명령어 조작을 해야 합니다.

여기서는 Tera Term으로 로그를 수집하는 방법을 소개합니다. 이 방법은 설정 파일을 텍스트 형식으로 수집할 때 활용할 수 있습니다.

절차

- ① Tera Term의 상단 메뉴에서 [메뉴]→[로그]의 순서로 선택합니다.

다음 페이지에 있는 화면이 표시되면 파일명을 입력합니다. 파일명은 '장치의 호스트 명.txt'나 '시간(2022년 4월 10일이면 20220410).txt'으로 하는 것이 일반적입니다. 또한 전국적 인 작업을 한 번에 할 때는 호스트명과 시간을 합쳐서 'seoul20220410.txt'로 정하는 등 파 일명이 겹치지 않도록 궁리해야 합니다.

여기서 [저장]을 누르면 로그 수집이 시작됩니다.

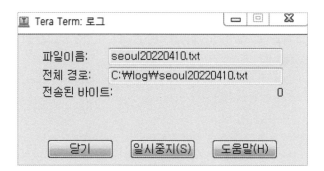

- ② 로그 창이 표시된 상태에서 콘솔 단말의 키보드를 누르면 모두 작업 로그로 콘솔 단말에 저장됩니다.

- ③ 명령어 조작을 마치면 로그 수집을 종료합니다. Tera Term의 로그 창에서 [닫기]를 누릅니다. 이것으로 작업 로그가 수집되었습니다.

- ④ 네트워크 기기에서 로그아웃한 후, 네트워크 기기와의 로컬 콘솔 연결을 종료합니다. Tera Term에서 [메뉴]→[연결 끊기]의 순서로 선택합니다.

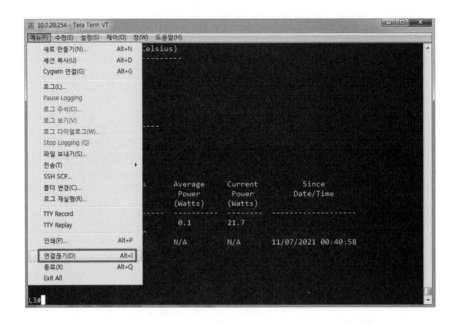

- ⑤ 수집한 로그 파일(PC 단말 내)의 내용을 확인합니다. 수집한 로그를 파일 서버 등의 외부 기억 장치에 보관합니다.

이로써 작업 로그의 수집을 마쳤습니다.

진솔한 서평을 올려주세요!

이 책 또는 이미 읽은 제이펍의 책이 있다면, 장단점을 잘 보여주는 솔직한 서평을 올려주세요.
매월 최대 5건의 우수 서평을 선별하여 원하는 제이펍 도서를 1권씩 드립니다!

- **서평 이벤트 참여 방법**
  ❶ 제이펍 책을 읽고 자신의 블로그나 SNS, 각 인터넷 서점 리뷰란에 서평을 올린다.
  ❷ 서평이 작성된 URL과 함께 review@jpub.kr로 메일을 보내 응모한다.

- **서평 당선자 발표**
  매월 첫째 주 제이펍 홈페이지(www.jpub.kr) 및 페이스북(www.facebook.com/jeipub)에 공지하고,
  해당 당선자에게는 메일로 개별 연락을 드립니다.

독자 여러분의 응원과 채찍질을 받아 더 나은 책을 만들 수 있도록 도와주시기 바랍니다.